Als Giesskannenpfarrer unterwegs

Impressum

Bibliografische Information der Deutschen Nationalbibliothek.
Die Deutsche Nationalbibliothek verzeichnet diese Publikation in der Deutschen Nationalbibliografie; detaillierte bibliografische Daten sind im Internet über http://dnb.dnb.de abrufbar.

Alle Rechte vorbehalten
© 2022 by rex verlag luzern und Herausgeber

Herausgeber
Andreas Gschwind, Therwil

Lektorat
Armin Barmet, Brunner Medien AG, Kriens

Gestaltung, Layout und Illustration
Sandra Barmettler, Brunner Medien AG, Kriens

Koordination Herstellung
Brunner Medien AG, Kriens, www.bag.ch

www.rex-verlag.ch
ISBN 978-3-7252-1092-3

Andreas Gschwind

Als **Giesskannenpfarrer** unterwegs

Unflexible Strukturen in Pastoralräumen –
auf Spurensuche für eine wachstumsfähige Kirche

rex verlag luzern

Inhaltsverzeichnis

Vorwort 6

Ein alter Baum, der noch Früchte trägt 11
Vertrautes Umfeld mit guten Wachstumsbedingungen 12
Volkskirche hat keine Zukunft mehr 13
Als Jugendlicher auf der Suche nach Identität 17

Eine unerwartete Oase in der Wüste 21
Der brennende Dornbusch – Gottesbegegnung 22
Begegnung mit Leidenden, Armen und Einsamen 26
Das Herz brennt – die Eucharistie 27
Erfahrung von Trockenheit mündet
  in die Begegnung mit dem Gekreuzigten 30

Der dürre Dornbusch – die Wüste breitet sich aus 33
Die Wüste – Ort des Mangels,
  der die Chance für Neues birgt 34
Meine Wüstenwanderung:
  keine Heimat mehr in der Kirche 39
Priester müssen Unterstützung erfahren
  und getragen sein 46
Priester aus Afrika, Indien und Polen 49

Wie ein Baum am Wasser gepflanzt 55
An der Beerdigung von Mutter Teresa in Kalkutta 56
Kennenlernen der Priesterbewegung von Mutter Teresa . . . 62
Mutter Teresa, eine grosse Mystikerin
  für die Kirche von heute 64
Inkarnierte Spiritualität 74

Lebensbaum – die Eucharistie als lebendige Quelle ... 77
Die Frau am Jakobsbrunnen ... 78
Die beiden Jünger auf dem Weg nach Emmaus ... 81
Schöpfgefässe für den eucharistischen Brunnen ... 83
Mystagogische Seelsorge als Hinführung
  in die Geheimnisse ... 87

Der Baum wird am Wachsen behindert und stirbt ab ... 91
Eine pastorale Idee – Projekt für Laien,
  die Gottesdienste feiern ... 92
Mission impossible in Korsika ... 94
Erfahrung von Kirche in einer
  säkularisierten Gesellschaft ... 97
Bischöfe sind auch nur Menschen ... 102
Der Baum krankt an der Wurzel, nicht am Blätterwerk ... 108
«Ich glaube an das eine, heilige katholische
  Pastoralraumkonzept» ... 115

Ein neuer Baum, der heranwächst und Früchte bringt ... 123
Ein Priesterfreund in Deutschland und sein Bischof ... 124
Bäume empfangen das Wasser aus der Tiefe ... 127
Pastorale Diversität statt kirchliche Monokultur ... 130
«Wage zu träumen» ... 136

Schlusswort ... 141

Literaturverzeichnis ... 143

Vorwort

25 Jahre Priester – Rückblick und Ausblick. Das ist der Anlass dieses Buches. Mit Elan und Begeisterung bin ich 1995 in den priesterlichen Dienst eingetreten. Seither habe ich sehr viel Spannendes und Schönes erleben dürfen. Durch das unerwartete Miterleben der Trauerfeierlichkeiten von Mutter Teresa in Kalkutta im Jahre 1997 habe ich die von ihr gegründete Priesterbewegung Corpus Christi kennengelernt. Während rund zwölf Jahren war ich immer wieder in verschiedenen Ländern – vor allem in Europa und Afrika – unterwegs, und so erhielt ich vielfältige Einblicke in das Leben von Priestern und Bischöfen. Wertvolle Freundschaften sind daraus entstanden.

Mit dem Aufkommen der Pastoralräume in meinem Bistum wurde ich immer unglücklicher. Schliesslich entschied ich mich, nur noch für zeitlich befristete Einsätze bereitzustehen. Ich bin in meiner Kirche, die ich einst sehr liebte, heimatlos geworden. Diese neue Situation und das damit verbundene Suchen ermöglichten es mir aber, Einblicke in mehrere Pfarreien zu gewinnen. Ich stellte fest, dass es nicht wenige Priester gibt, denen es ähnlich ergeht wie mir, die wie ich an den neuen Strukturen leiden. Manche wagen es nicht, sich öffentlich darüber zu äussern.

Seit Längerem spürte ich den Drang, in einem Buch über meine freudigen und frustrierenden Erfahrungen mit der Kirche zu berichten. Da ich nicht wusste, wie ich dieses Unterfangen angehen könnte, legte ich die Idee immer wieder beiseite. Bei einem Treffen mit drei befreundeten Priestern tauschten wir uns über unsere Erfahrungen im kirchlichen Dienst aus. Sie erzählten mir, sie seien glücklich in ihrem Priestersein. Priester ist im Prinzip der schönste Beruf, den es gibt, und ich fühlte, dass dieses Glücklichsein als Priester immer noch möglich ist – auch heute, in einer Situation, die sich zunehmend verändert.

Ein mir befreundeter Priester, der um mein Ringen mit der Kirche weiss, schlug mir vor, diese Gedanken in einem Buch niederzuschreiben, und zwar in Form eines Interviews. Das überzeugte mich sofort. Ich bin ihm sehr dankbar, dass er mich fortan unterstützt und immer wieder neu inspiriert hat. So konnte ich dieses Buchprojekt realisieren.

In diesem Buch möchte ich nun meine persönlichen Eindrücke schildern. Es geht mir dabei um all jene, die sich in unserer Kirche auch nicht mehr zurechtfinden. Es geht mir aber auch um die Kirche, die mir zwar nicht mehr Heimat bietet, aber in spiritueller Hinsicht nach wie vor sehr kostbar ist.

Das Buch soll der Frage nachgehen, wie sich Priester entfalten und Gemeinden wachsen können. Der Baum ist dafür ein wichtiges biblisches Symbol. Er soll das ganze Buch wie ein roter Faden durchziehen. In unserer Kirche blüht einiges wie an einem kräftigen Baum, aber vieles ist dürr geworden und stirbt ab. Muss der alte, knorrige Baum umgehauen werden? Oder ist es bei diesem Baum, der Kirche, möglich, dass neues Leben entsteht, dass er wieder aufblüht und neue Früchte hervorbringt? In meiner Freizeit schneide ich im Winter Obstbäume. Wenn ich nichts mache oder falsch schneide, gibt es weniger Früchte und der Baum vergreist viel schneller. Es braucht verschiedene Schnitte: den Jungschnitt, den Aufbauschnitt und den Altersschnitt. Beim Schneiden sind mutige

Entscheidungen nötig, damit neues Wachstum möglich wird. Auch die Kirche scheint mir wie ein alter Baum, der kaum mehr wächst und viele abgestorbene Äste hat. Ich erfahre jedoch viel Ängstlichkeit, wenn es darum geht, alte Zöpfe abzuschneiden und Neues zu wagen. Lieber lässt man alles beim Alten. Und sucht man die Lösung in neuen Strukturen, überdecken diese oft nur das alte System, das keine Zukunft hat.

Ausgehend von meinen vielfältigen Erfahrungen in meiner Diözese, aber auch im Ausland, möchte ich auf wunde Punkte hinweisen. Ich tue dies aus meiner Perspektive als Priester. Ich bin inzwischen überzeugt, dass das Konzept der Pastoralräume, wie sie vielerorts eingeführt werden, langfristig in eine Sackgasse führt. Ich bin nicht generell gegen Pastoralräume. Wir kommen nicht darum herum, neue Strukturen zu schaffen. Aber der eingeschlagene Weg ist für viele Priester sehr unbefriedigend.

Einfach jammern und dabei polarisieren ist nicht meine Art. Es gibt viel Gutes und Schönes, auch im Bistum, in dem ich tätig bin. Aber es gibt Dinge, die ich einfach sagen muss in der Hoffnung, dass ein Umdenken stattfindet. Ich möchte dabei aber nicht beim Benennen von Missständen und Fehlentwicklungen stehen bleiben.

Das, was ich in den ersten Kapiteln schildere, gründet auf meinen persönlichen Erfahrungen. Es ist ein kritischer Blick auf die Entwicklungen in der Kirche, die vielerorts einem alten Baum ähnlich ist, der immer weniger Früchte hervorbringt und langsam abstirbt. Doch diese Überlegungen münden in ein letztes Kapitel, das ein Kapitel der Hoffnung sein soll. Der Baum der Kirche muss nicht einem neuen Baum weichen. Vielmehr muss er mutig zurechtgeschnitten werden, damit es ihm möglich wird, neue Früchte hervorzubringen.

Ich träume von einer Kirche, die neu auflebt, Schatten spendet, Früchte trägt und den Vögeln ein Zuhause bietet. Vieles mag an dieser Kirchenvision utopisch klingen. Einiges aber, so bin ich überzeugt, wird sich in diese Richtung entwickeln müssen, wenn unsere Kirche nicht im Sumpf stecken bleiben will.

Nach zehn Jahren des Suchens und der Heimatlosigkeit in der Kirche versuche ich es trotzdem noch einmal. Im Spätsommer 2021 habe ich eine hoffentlich längerfristige Stelle mit Leitungsfunktion in einem Pastoralraum angetreten. Wie lange ich dort bleibe, hängt davon ab, inwiefern ich an einer zukunftsfähigen Kirche mitgestalten kann und darf. In erster Linie Dienstleister und Funktionär zu sein, der einem System dient, das keine Zukunft hat, würde mich nicht erfüllen. Ich möchte nicht als Giesskannenpfarrer unterwegs sein!

Ich skizziere hier die schwierige kirchliche Ausgangslage und formuliere konkrete Ideen, um den alten Baum wiederzubeleben. Meine Anregungen sollen aber nicht abgehobene Theorie sein, ich möchte sie in meiner momentanen pastoralen Tätigkeit umsetzen.

Ist die Kirche ein alter, absterbender Baum? Oder gibt es für sie noch Hoffnung? Ja, es gibt sie. «Wage zu träumen!», heisst der Weckruf von Papst Franziskus in seinem neuesten Buch. Trotz massiv steigenden Kirchenaustritten und einem stark fortschreitenden Säkularisierungsprozess sollten wir uns nicht entmutigen lassen und den Lebensbaum nicht aus dem Blick verlieren, der am Wasser gepflanzt ist und reiche Frucht bringen kann. Dieses Buch möchte allen – den Gläubigen, den kirchlich Mitarbeitenden und den Verantwortlichen in Bistumsleitungen – helfen, wunde Punkte in unseren Pastoralräumen offenzulegen und den Blick zu schärfen für eine zukunftsfähige Kirche.

Ein **alter Baum,** der noch Früchte trägt

Vertrautes Umfeld mit guten Wachstumsbedingungen

Wie hast du Glaube und Kirche in deiner Kindheit und Jugend erlebt?

Vermutlich wie viele in den 70ern. In diesen Jahren konnte man noch von einer Volkskirche sprechen. Allerdings bereits einer Volkskirche im Niedergang. Glaube und Kirche waren für mich Teil des Lebens, die Kirche wie ein Verein, dem man einfach angehörte. Ich war Ministrant, in meiner Pfarrei gab es einen Pfarrer und sogar einen Vikar. Kirche gehörte zu meiner Identität und ich schätzte auch das Brauchtum, das damit verbunden war. Wie viele Familien besuchten auch wir regelmässig den Sonntagsgottesdienst. Es war einfach selbstverständlich und wurde nicht hinterfragt. Ich hatte eine gute Kindheit und wuchs wohlbehütet in einem Einfamilienhaus mit schönem Garten auf. Ich bin dankbar, dass ich gute Start- und Wachstumsbedingungen für mein Leben erhalten habe, was ja nicht selbstverständlich ist.

War es für dich dann auch selbstverständlich, den beruflichen Weg in der Kirche einzuschlagen und Priester zu werden?

Überhaupt nicht. Ich wusste lange nicht, welchen Beruf ich ergreifen sollte, war ein Spätzünder. Ein Beruf innerhalb der Kirche war zunächst kein Thema. Die Kirche, die Volkskirche gab mir zwar Halt und Heimat, aber es war mehr ein äusseres Dazugehören. Weil ich nicht wusste, was ich wollte, machte ich mal eine Lehre als Betriebsdisponent bei den SBB.

Volkskirche hat keine Zukunft mehr

Die Volkskirche hat dir im Kindes- und Jugendalter kirchliche Heimat gegeben. Hat sie sich in den letzten Jahrzehnten nicht stark verändert? Gibt sie dir noch Halt?

Ja und nein. Für weite Teile unserer Gesellschaft existiert die Volkskirche nicht mehr. Sie fühlen sich der Kirche nicht mehr zugehörig und wenden ihr den Rücken zu. Diese Entwicklung geht rasant weiter, beschleunigt durch die Skandale innerhalb der Kirche. Die Gründe für diese Entwicklung sind sehr vielfältig, weil sich die ganze Gesellschaft sehr schnell und ständig wandelt. Dennoch lebt die Volkskirche weiter, aber nur noch in den Köpfen derjenigen, die der Kirche angehören, vor allem in den Köpfen der Mitarbeitenden und der Kirchenleitungen. Sie prägt das Denken von Kirchesein mehr, als wir wahrhaben wollen, und ist noch ganz präsent! Das sieht man auch an den neueren Strukturreformen, die eigentlich gar keine Reformen sind. Die Pastoralräume in meinem Bistum bauen auf alten Strukturen der Volkskirche auf und stülpen diesen nur neue Rahmenbedingungen über.

«Ein alter Baum, der noch Früchte trägt» heisst der Titel dieses ersten Kapitels. Was meinst du damit?

Ich finde, ein alter Obstbaum ist ein gutes Bild für die Volkskirche. In meiner Familie bin ich derjenige, der zu einem Stück Land mit Obstbäumen schaut. Früher standen auf dieser Parzelle sehr viele Bäume. Einige musste ich fällen oder der Wind hat sie umgeweht, weil sie verdorrt waren. Hin und wieder habe ich diese Bäume schneiden lassen oder selbst geschnitten. Vor zwei Jahren habe ich sechs neue Bäume gepflanzt. Durch die regelmässige Pflege sieht diese Parzelle mit den Obstbäumen recht ordentlich aus. Auf den Nachbarparzellen zeigt sich ein anderes Bild. Diese Bäume wurden seit Jahren nicht mehr gepflegt und sind inzwischen völlig vergreist. Nur noch die Vögel freuen sich daran. Aber auch nicht mehr lange, weil es dort mit der Zeit gar keine Bäume mehr geben wird. Früher kamen Familien und ernteten die Früchte. Heute kommt niemand mehr. Auf der Parzelle meiner Familie steht noch ein letzter alter Apfelbaum. Dank der Pflege liefert er immer noch Früchte. Aber es ist offensichtlich, dass seine Tage gezählt sind. Viele Misteln wuchern und an einigen Stellen ist er schon ganz dürr.

Und wenn du dieses Bild vom Baum und den Früchten auf die Kirche beziehst?

Auf der Insel Korsika, wo die Volkskirche wirklich nicht mehr existiert, sagte mir ein Mann: «Wir hatten früher eine Beziehung zur Kirche, aber eigentlich keine Beziehung zu Gott!» Die Volkskirche hat offensichtlich keine nachhaltigen Früchte geliefert. Heute ist es nicht anders: In den Bistümern, wo noch viel Geld vorhanden ist, werden viele Events angeboten. Man freut sich darüber, dass noch einige Menschen daran teilnehmen. Aber die Nachhaltigkeit ist oft sehr gering.

Der Theologe Klaus Berger war überzeugt, dass dort, wo ein Baum nach unserem Eindruck gut ist, die Früchte oft rar sind. «Der Baum stirbt. Es liegt nicht an ihm, er ist überfordert. Der gute Baum kann nicht gleichzeitig im Saft der Tradition stehen und sich voll und ganz liebevoll auf die Jugend von morgen und ihre Bedürfnisse und Wünsche konzentrieren. Aber tut er es nicht, dann bleibt die Jugend gnadenlos zuhause.»[1]

Es ist gut nachvollziehbar, dass die Jugend zu Hause bleibt. Sie kann mit der Volkskirche nichts anfangen, weil sie diese nie gekannt hat. Diejenigen, die heute Kirche gestalten, gehören vorwiegend der Generation an, die die Volkskirche noch in ihren Köpfen hat. Die schwierige, aber dringende Aufgabe heute ist es, Abschied zu nehmen von alten Mustern, die uns immer noch prägen. Wir müssen uns auf ganz Neues einlassen. Ein völliges Umdenken ist gefordert. Zu lange haben wir für das Leerwerden der Kirchen äussere Einflüsse wie der sich stark ausbreitende Säkularismus verantwortlich gemacht und gewünscht, die Welt müsste sich ändern und die anderen müssten umkehren und sich bekehren. Wir haben zu wenig an unsere eigene Bekehrung gedacht. Wir wollten nicht zur Kenntnis nehmen, dass ein weiteres Kapitel der Geschichte des Christentums zu Ende geht und es daher notwendig ist, sich auf das nächste vorzubereiten.[2]

Was heisst das nun? Soll man die Volkskirche sterben lassen? Hat traditionelles Brauchtum keine Zukunft mehr?

Die Volkskirche wird bestimmt noch längere Zeit nachwirken, vor allem dort, wo mit Geld noch einiges aufrechterhalten werden kann. Traditionelle Formen geben einen Rahmen, der hilfreich sein kann. Aber sie dürfen und sollen nicht weiterhin alles bestimmen. «Wir bedienen zu viel Tradition und wecken zu wenig Sehnsucht.»[3] Wenn Altes abstirbt, wird Neues möglich. Traditionelles Brauchtum ist schön, aber kirchliche Tra-

---

[1] Berger, Tagespost.
[2] Halik, Christentum in Zeiten der Krankheit.
[3] Frings, Aus, Amen, Ende?, S. 17.

dition ohne Inhalt ist hohl. Wenn die Form im Vordergrund steht und nicht der Inhalt, habe ich grosse Mühe. Macht es zum Beispiel Sinn, das Böllerschiessen an Fronleichnam mit viel Aufwand am Leben zu erhalten? Vielleicht schon, aber nur, wenn ich denn Sinn dahinter verstehe. Eine Tradition wie die Palmprozession am Palmsonntag soll unbedingt lebendig bleiben, aber Bedeutung und Inhalt müssen den Menschen immer wieder neu vermittelt werden.

Kannst du ein weiteres Beispiel nennen?

Im Lötschental habe ich an Fronleichnam mehrere Jahre Aushilfe gemacht. Das Brauchtum der Herrgottsgrenadiere ist eine sehr schöne Überlieferung aus der Söldnerzeit und zieht viele Menschen an. Als mir dann in der Sakristei gesagt wurde, ich solle keine Predigt halten, weil es sonst zu lange dauern würde, hat mir das sehr zu denken gegeben. In der Tat, die ganze Zeremonie mit Fahnendelegation usw. dauert bis in den Nachmittag hinein. Eine Predigt wäre in solchen Situationen umso wichtiger, um den Erstkommunionkindern und Familienangehörigen den Sinn des Festes zu erklären. Sonst verkommt die liturgische Feier zu einem volkstümlichen Theater.

Als Jugendlicher auf der Suche nach Identität

Was ist in deiner Jugend weiter geschehen, dass du den beruflichen Weg in der Kirche eingeschlagen hast?

Als Jugendlicher wusste ich lange nicht, in welche Richtung ich gehen sollte. Ich hatte viele Interessen, konnte mich aber für keinen Weg entscheiden. Was tun? Das ist die Frage, die alle jungen Menschen umtreibt, wenn sie sich vom Elternhaus lösen und ins Berufsleben oder Studium einsteigen. An meiner ersten Arbeitsstelle bei den Bundesbahnen fühlte ich mich nicht wohl. Ich stellte mir viele Fragen und machte mich auf die Suche.

Was hast du denn genau gesucht?

Verschiedenes. Ich hatte mit 20 Jahren keine Freundin, war in dieser Hinsicht eher scheu. Die Arbeit als Betriebsdisponent entsprach nicht meiner Berufung. Tief in mir spürte ich die drängende Frage, was denn der Sinn des Lebens ist und ob es Gott überhaupt gibt. Ganz existenzielle Fragen trieben mich um, auch philosophische und religiöse.

Aber du warst doch gläubig und religiös. Hast du nicht Halt erfahren in der Familie und in der Kirche, die noch ein Stück weit Volkskirche war?

Sicher war es eine Hilfe: ein gutes Elternhaus und eine Kirche, die mir ein Stück weit Heimat gaben. Die Volkskirche ist lokal orientiert. Das ist grundsätzlich nicht schlecht. Wir machen unsere religiösen und kirchlichen Erfahrungen am Wohnort. Aber der junge Mensch von heute ist weniger auf den Ort bezogen, wo er aufgewachsen ist. Er sucht seine Identität über Freunde, Vorbilder. Und im Zeitalter des Internets bieten sich unzählige Möglichkeiten, für viele vielleicht zu viele. Ein junger Mensch aus einer katholischen Familie ministriert vielleicht bis etwa 16-jährig. Dann macht er womöglich noch einen Firmkurs mit, spätestens nachher aber bleibt er der Kirche fern. Eigentlich doch verständlich. Was bietet ihm die Kirche vor Ort, wo er aufgewachsen ist? Die Volkskirche hat mir persönlich noch einen gewissen Halt gegeben, solange ich im Dorf wohnte und zur Schule ging.

Dazu ein auch heute noch aktuelles Beispiel: Ich kenne Menschen aus Polen, die in der Schweiz leben. Es würde ihnen nicht in den Sinn kommen, einen Gottesdienst in ihrer Pfarrei in der Schweiz mitzufeiern. Reisen sie allerdings nach Polen, nehmen sie selbstverständlich teil am religiösen Leben der Heimatpfarrei. Volkskirche ist lokales und statisches Christsein, das wir zu lange nicht hinterfragt haben, weil ja zahlenmässig viele mitmachten. Statisches Christsein orientiert sich an Brauchtum und Riten vor Ort, dynamisches Christsein an der Nachfolge Christi überall. Das Zweite haben viele nicht kennengelernt, weil es ihnen niemand vermittelt hat.

Die Menschen wenden sich heute scharenweise von der Kirche ab. Offenbar finden sie in ihr nicht, was sie suchen. Wonach suchen sie?

Ich denke, dass jeder Mensch suchend ist. Tief drinnen im Menschen steckt die Sehnsucht nach Angenommensein, Dazugehören und Geliebtwerden. Das haben wir alle gemeinsam. Suchende gibt es bei den «Gläubigen», für die Christsein ein

Weg und nicht ein ererbtes Eigentum ist. Viele, die manche als «Ungläubige» betrachten, spüren eine Sehnsucht nach einer Quelle, die ihren Durst nach dem Sinn stillen könnte. Sie lehnen aber religiöse Vorstellungen ab, die ihnen die Volkskirche vorlegt.[4] Ja, es scheint, dass viele Suchende in der Kirche nicht finden, was sie suchen. Der Mensch von heute will seinen eigenen Weg gehen und sich nicht bevormunden lassen von einem System. Er will frei sein und etwas erleben und erfahren. Ich frage mich: Boomt die Esoterikszene auch deshalb so, weil der Mensch in ihr unabhängig und frei ist, seinen eigenen, individuellen Weg geht und von Angeboten profitieren kann, die ihm eine persönliche Erfahrung ermöglichen?

Du hast drei Stichworte genannt: den eigenen Weg gehen, Freiheit und Erfahrung. Könntest du diese Begriffe noch etwas erläutern?

Der junge Mensch muss seinen eigenen Weg finden und gehen können. Er möchte gute Beziehungen, er will dazugehören, er sehnt sich nach Partnerschaft und will und muss seine eigenen Erfahrungen machen können. Soziale Medien vermitteln da unrealistische Erwartungen und präsentieren Menschen als Vorbilder, die scheinbar erfolgreich und gleichzeitig unerreichbar sind. Das macht die Suche nach Identität noch schwieriger. Sie kann zu einem regelrechten Leiden werden. Es scheint, dass viele überfordert sind – zunehmende Eintritte von Jugendlichen in die Psychiatrie und steigende Suizidfälle verdeutlichen das. In der Coronazeit hat sich diese Entwicklung noch einmal deutlich beschleunigt. Viele Menschen denken wohl, dass Kirche einengt, weil sie voller Vorschriften sei und genau vorgebe, was zu denken und zu glauben ist. Es ist vielleicht die grösste und schwierigste Aufgabe der Kirche, den

---

[4] Halik, Christentum in Zeiten der Krankheit.

heutigen Menschen zu vermitteln, dass es genau umgekehrt ist: Die Erfahrung Gottes führt in eine ganz neue, ungeahnte Freiheit. Gott kann ein Leben ermöglichen, das wirklich erfüllt. Die Kirche ist dann einladend, wenn sie ein Ort ist, wo solche Erfahrungen möglich sind. Hinterfragen wir unsere Angebote für Jugendliche genügend danach, ob sie eine Begegnung mit Gott ermöglichen?

Und du persönlich? Hast du einen eigenen Weg, eine neue Freiheit und tiefgreifende Erfahrung gefunden?

Ja, ganz unerwartet nach einer längeren Phase des Suchens. Es war und ist für mich ein grosses Geschenk! Ich möchte im nächsten Kapitel davon erzählen. Der Schlüssel dazu war, so denke ich heute, die Suche in völligem Dunkel. Das tönt im ersten Moment vielleicht sonderbar, wird aber verständlicher, wenn ich meine Erlebnisse schildere.

Eine **unerwartete Oase** in der Wüste

Der brennende Dornbusch – Gottesbegegnung

Wie ging dein Weg nun weiter?

Das fragte ich mich damals mit 20 Jahren auch: Wie soll mein Weg weitergehen? Ich hatte eine Ausbildung gemacht und eine Stelle angetreten – aber das war nicht das Richtige. Ich war ein Suchender. In meiner Tätigkeit auf der Güterverwaltung in Luzern gefiel es mir nicht. Ich bewohnte ein Zimmer bei einer sogenannten Schlummermutter und in einem Leichtathletikverein hatte ich etwas Anschluss gefunden. Ich las viel und grübelte nach über Gott und den Sinn des Lebens. Immer wieder suchte ich Kirchen auf und schaute, ob ich im Schriftenstand etwas Erbauliches finden würde. Ich wurde zunehmend unglücklicher, es fühlte sich an wie eine Art leichte Depression. Je länger dieser ungewisse Zustand andauerte, umso qualvoller wurde es. Es war ein regelrechter Gang durch Wüste und Dunkelheit.

Die Kirche gab dir keinen Halt?

Indirekt schon. Ich habe einiges bekommen und so wurde mein Glaube unbewusst genährt. Ich suchte ja auch spirituell und kann mich erinnern, dass ich immer wieder gebetet habe: «Gott, wenn's dich gibt, dann zeige dich!» Meine Einstellung bei der Arbeit war nicht die beste, und als ich im Frühdienst einige Male zu spät kam, drohte man mir mit der Kündigung. Ich lungerte abends oft in den Gassen Luzerns herum. Man bot mir auch Drogen an, die ich aber ablehnte. Ich erinnere mich, dass mich einmal ein älterer homosexueller Mann verführen wollte. Ich rannte weg, weil mich das so schockierte und irritierte.

Welche Rolle spielte Gott in dieser Situation?

Ich wollte glauben, dass er da ist, aber ich spürte ihn nicht. Doch dann geschah etwas völlig Überraschendes – so unerwartet, wie es auch für Moses gewesen sein musste, als er Gott in einem Dornbusch begegnete (Ex 3,1–6). Moses lebte inmitten eines Volkes, das unter der Sklavenarbeit stöhnte und sich nach einer neuen Freiheit und einem glücklicheren Leben sehnte. Die Begegnung mit Gott im Dornbusch, der brannte und doch nicht verbrannte, war der Anfang des Aufbruchs in eine neue Freiheit. So war es auch für mich: Es war am 2. November 1983, die katholische Kirche feiert an diesem Tag das Fest Allerseelen. Wie üblich schlenderte ich in der Stadt herum. Es war Abend, vielleicht acht oder neun Uhr. Da traf ich vor der Jesuitenkirche einen Mann, mit dem ich ins Gespräch kam. Vermutlich spürte er, dass es mir nicht gut ging, und er begann von seinem Leben zu erzählen. Er sagte mir, dass er in seinem Leben einigen Mist gebaut hatte und deswegen drei Jahre ins Gefängnis musste. Dort habe er zu einem lebendigen Glauben an Gott gefunden. Diese Erfahrung sei so tief und einschneidend gewesen, dass er sich entschied, in ein Kloster zu gehen, wo er drei Jahre lang blieb. Inzwischen arbeitete er in einem katholischen Pflegeheim, das von Ordensbrüdern geführt wird. Dort hatte er auch ein Zimmer, wo er wohnte. An weitere Einzelheiten des Gesprächs kann ich mich nicht mehr erinnern. Ich war dankbar für eine interessante und bereichernde Begegnung und machte mich auf den Heimweg, um mich in mein Zimmer zurückzuziehen. Es war nun etwa zehn Uhr. Als ich im Innenhof die Haustüre erreichte, überkam mich plötzlich ein Licht und eine immense Liebe. Ich setzte mich auf die Schwelle des Eingangs, erhob meine Hände zum Himmel und verblieb so längere Zeit in grosser Dankbarkeit und Freude. Auf einen Schlag wusste ich: Das ist die Wahrheit, das ist Gott. Es war seine Liebe, die mich Freudentränen weinen liess. Ich fühlte, dass ich ganz aufgehoben war in dieser Geborgenheit. Ich war eins mit ihr. Mir wurde klar: Ich muss nie mehr Angst haben, denn aus dieser Einheit mit Gott kann ich nie mehr herausfallen. Der Sternenhimmel war in mir und ich fühlte mich mit allem verbunden. Ich ging dann in mein Zimmer. Diese Erfahrung der Liebe und Freude war sehr tiefgreifend und dauerte mehrere Stunden an. Am anderen Tag war ich ein anderer Mensch. Ich war wie neu geboren!

Das klingt ja spannend! Wie ging es dann weiter?

Ich suchte den Mann auf, den ich vor der Jesuitenkirche getroffen hatte, und erzählte ihm, was geschehen war. Wir führten in der folgenden Zeit schöne Gespräche und beteten manchmal zusammen in der Kapelle des Pflegeheims. Er führte mich dann zu einem Priester, der als Arbeiterpriester in einem Quartier in Luzern lebte. In seiner Wohnung feierte ich ab und zu die Eucharistie mit. Obwohl ich katholisch aufgewachsen war, war für mich alles neu. Ich begann, langsam zu begreifen und zu ahnen, was «Glauben» wirklich bedeutet.

Du hast das Bild vom brennenden Dornbusch erwähnt. Kannst du dieses Bild mit deiner spirituellen Erfahrung verbinden?

Der Dornbusch im biblischen Buch Exodus brennt und verbrennt doch nicht. Eine eigenartige Erscheinung. Und dabei offenbart sich Gott dem Moses als der «Ich bin, der ich bin».

Gottes Liebe ist ein Licht, ein brennendes Feuer, das nie erlischt. So war es für mich. Gott ist Liebe, ein Feuer der Liebe, das nie erlischt und immer da ist, ob ich es wahrnehme oder nicht. Diese Liebe ist in uns. Und wenn wir die Erfahrung machen, dass wir eins sind mit dieser Liebe, dann verschwindet das Ich und wir sehen alles aus der Sicht Gottes. Dieses Licht, das für mich Gott war, leuchtet am hellsten auf, wenn es dunkel oder leer ist in mir. So beschreiben es auch die Mystikerinnen und Mystiker, wenn sie über ihre Erfahrungen spiritueller Tiefe berichten.

Das erinnert mich an die Aussage der Emmaus-Jünger: «Brannte uns nicht das Herz in der Brust, als er unterwegs mit uns redete und uns den Sinn der Schrift erschloss?» Viele Christinnen und Christen haben im Laufe des Christentums Ähnliches erlebt …

Es hat mich zum Beispiel berührt, das Bild vom Dornbusch bei den Hirtenkindern Jacinta und Francisco von Fatima zu finden. Ihnen ist im Jahre 1917 die Muttergottes erschienen. Ihre Aussagen finde ich besonders beeindruckend, weil sie schlichte Kinder waren. Jacinta sagte oft, sie liebte «unsere Dame» so sehr, dass sie Feuer in ihrer Brust spürte, aber nicht wusste, warum sie sich nicht verbrannte. Sie wisse nicht, wie es war, aber dass sie Gott in sich spürte und dass ihr dies grosse Freude schenkte. Und Francisco sagte: «Wir brannten in jenem Licht, das Gott ist, ohne uns zu verbrennen. Wie Gott ist! Man kann es nicht ausdrücken!»[5]

---

[5] Gomes, Mitteilungen über die Hirtenkinder Francisco und Jacinta Marto.

Begegnung mit Leidenden, Armen und Einsamen

Hat diese – sagen wir einmal – «Dornbusch-Erfahrung» etwas in deinem Leben verändert?

Ich kündigte bei den SBB bald und trat eine Stelle als Spediteur in einer Speditionsfirma in Basel an. Allerdings verliess ich diese Stelle noch in der Probezeit wieder, weil ich merkte, dass ich da nicht bleiben konnte. Ich spürte, dass ich einen Weg in Richtung Kirche einschlagen wollte. Was ich mit der Gottesbegegnung erfahren hatte, war ein riesiges Geschenk, das mich nachhaltig veränderte. Ich fühlte mich zu Leidenden, Armen und Einsamen hingezogen: Sie sollten doch auch das erfahren, was ich erlebt hatte! So nahm ich mir vor, an den Abenden regelmässig in die verruchtesten Kneipen zu gehen, um mit den Leuten dort ins Gespräch zu kommen und mit armen Menschen über Gott zu reden. Heute muss ich sagen, dass dies schon etwas naiv von mir war, aber damals drängte es mich einfach dazu. Ich betete jeweils vorher, dass es zu mindestens einer Begegnung am Abend kommen würde, um Zeugnis zu geben von der Liebe Gottes. Tatsächlich waren an jedem Abend solche Gespräche über Gott möglich. Eines Abends aber, es war noch in Luzern, traf ich einen alkoholisierten Mann. Er schrie mich an: «ein Heiliger!», und schlug mir ins Gesicht. Sofort wurde es still im Lokal, weil alle meinten, jetzt würde eine Schlägerei losgehen. Bevor ich vom Barhocker absteigen konnte, erhielt ich einen zweiten Schlag. Ich entfernte mich dann sofort. Nach einigen Monaten hörte ich mit diesen Kneipenbesuchen auf.

So bist du quasi von einem Tag auf den anderen ein anderer Mensch geworden?

Natürlich nicht! Ich durfte zwar eine wunderbare Erfahrung machen. Aber dadurch bin ich nicht gleich besser und weiser geworden. Ich musste mich neu orientieren und überlegen, was ich mit dieser Erfahrung anfangen soll. Mit 20 Jahren war ich noch ganz mit dem Aufbau meiner Identität beschäftigt. Es war nicht sehr reif, mich als Apostel unter den Armen zu sehen. Mein Ego war recht aufgeblasen. Wenn ich heute junge Menschen sehe, die sich im gleichen Alter mit Themen wie Klimaschutz, bescheidenem Lebensstil usw. befassen, denke ich jeweils, dass sie viel weiter sind, als ich es damals war.

Das Herz brennt – die Eucharistie

Wie hat sich die besondere Gotteserfahrung auf dein weiteres Glaubensleben ausgewirkt?

Ich suchte den Kontakt mit Menschen aus der charismatischen Bewegung, die in der katholischen Kirche heute unter dem Namen «Erneuerung aus dem Geist Gottes» bekannt ist. Diese Strömung gibt es in allen christlichen Konfessionen und Freikirchen. Begonnen hat sie in den 70er-Jahren in den USA. An vielen Orten erfuhren Menschen die Kraft des Heiligen Geistes und wurden durch verschiedene Gaben oder Charismen beschenkt. Heute zieht es mich weniger in diese Gruppierungen, aber damals war es naheliegend, dass ich mich mit Menschen treffen wollte, die Ähnliches erlebten.

Hat sich deine persönliche Glaubenspraxis verändert?

Gott war nun zentral in meinem Leben, das Beten fester Bestandteil meines Alltags und die Kirche wurde mir auch wichtiger. Sie war nicht mehr wie ein Verein, dem ich halt auch noch angehörte. Es zog mich vermehrt ins stille Gebet, in die Kirchen vor den Tabernakel. Der Tabernakel ist der Ort, wo die geweihten Hostien für die Kommunion aufbewahrt werden. Daneben brennt jeweils eine Öllampe, ein sogenanntes «ewiges Licht». Es zeigt an, dass hier Jesus Christus im Sakrament der Eucharistie gegenwärtig ist. Wenn möglich suchte ich auch Orte auf, wo die eucharistische Anbetung gepflegt wurde. Da wird das konsekrierte Brot, also die Hostie, in einem Zeigegefäss, der sogenannten Monstranz, zur Anbetung gezeigt.

Ist das Verweilen vor der Hostie, dem Allerheiligsten, auch eine Art Dornbusch-Erfahrung?

Ganz genau. Die Liebe Gottes ist ewig. Das zeigt eben die brennende Kerze beim Tabernakel, wenn dort geweihte Hostien aufbewahrt sind. Es ist eine Liebe, die ewig brennt und doch nicht verbrennt, wie der brennende Dornbusch bei Moses. Zu dieser Liebe in der Eucharistie fühlte ich mich hingezogen. Gott ist da in diesem Sakrament. Es ist eine wirkliche Gegenwart, eine reale Präsenz, wie wir in der katholischen Kirche auch sagen. Gott ist zwar überall und auch in uns. Aber die Hostie in der Monstranz ist wie ein Brennpunkt seiner Liebe, das Verweilen vor ihr hilft uns, uns dieser allgegenwärtigen Liebe bewusst zu werden. Der Blick auf sie macht möglich, mit seinen Augen zu sehen und so in seiner Gegenwart zu verweilen. In einem schönen Lied heisst es: «Im Anschauen deines Bildes, da werden wir verwandelt, da werden wir verwandelt in sein Bild.»

Kannst du mehr darüber erzählen, was diese Präsenz Gottes in der eucharistischen Anbetung in dir bewirkt hat?

Es war in Paris. Bevor ich mein Theologiestudium auf dem sogenannten dritten Bildungsweg beginnen konnte, absolvierte ich hier einen Sprachaufenthalt. Ich besuchte eine Gebetsgruppe, die einer charismatischen Gemeinschaft angehörte. Dort traf ich junge Christen. Mit einem Priesteramtskandidaten ging ich regelmässig am Freitagabend in einem Dominikanerkloster zur eucharistischen Anbetung. In jenen Anbetungsstunden spürte ich zum ersten Mal den Ruf, Priester zu werden. Die Anbetung in der Krypta dieses Klosters war immer ein ganz besonderes Erlebnis. Es war ein Ruhen am Herzen Gottes, das mein eigenes Herz immer wieder neu mit seiner Liebe entflammte.

Erfahrung von Trockenheit mündet in die Begegnung mit dem Gekreuzigten

Gab es in der Folge noch andere so tiefe Gotteserfahrungen?

Nur noch einmal auf diese intensive Art. Ich habe bis anhin kaum jemandem von dieser Erfahrung erzählt. Aber für die weiteren Ausführungen scheint es mir wichtig, es jetzt zu tun. Es war einige Monate später in Exerzitien, also einer Woche des Rückzugs in Stille, Gebet und geistlichen Impulsen in einem religiösen Bildungshaus. Gott wollte mich nicht auf Wolke sieben schweben lassen. Der Glaube muss Bodenhaftung bekommen und geerdet sein. Erlebtes Hochgefühl ist nicht der Alltag, es könnte auch zu Stolz verleiten. Dieses Phänomen ist in der mystischen Literatur überall zu finden: Gott versteckt sich wie hinter einer Wolke und entzieht sich dem Menschen, so dass er nichts mehr fühlt. Gott scheint dann plötzlich nicht mehr da zu sein, und was vorher so intensiv und schön erlebt wurde, zeigt sich auf einmal als Täuschung. Man nennt das die geistige Nacht. Auf dieses Thema werde ich im Zusammenhang mit Mutter Teresa von Kalkutta nochmals kommen.

Verstehe ich richtig: Gott hat sich zurückgezogen? Du hast ihn nicht mehr gespürt?

In diesen Exerzitien erlebte ich eine Zeit der Nacht, wie ich sie oben beschrieben habe. Es war sehr schmerzlich. Ich fand keinen Trost und eine grosse Angst machte sich breit. Wohin gehen? Wem kann ich mich anvertrauen? Dabei ist die Sehnsucht nach Gott trotzdem da. Es ist nicht zu verwechseln mit einer Depression. Nach einem Vortrag, der mich überhaupt nicht berührte – denn es war nur dunkel in mir –, ging ich auf mein Zimmer. Auf dem Flur hing ein sehr grosses Kruzifix. Beim Vorübergehen schaute ich es kurz an und sagte einfach so: «Was ist das, was ich leide, im Vergleich zu dem, was du gelitten hast.» Kaum hatte ich das gesagt, überkam mich – inzwischen im Zimmer angekommen – wieder diese Liebe und Freude, die alles übersteigt. Dieses Mal dauerte die Gotteserfahrung weniger lang. Ich erinnere mich, dass ich Gott bat, mir diese Liebe wieder etwas zu nehmen, denn sie war – wie zuvor die Nacht – fast unerträglich.

Was hat dir diese erneute Erfahrung gezeigt?

Die erste Erfahrung war eine Begegnung mit Gott, dem «Unbekannten». Nun war es eine Begegnung mit Jesus, dem Gekreuzigten. Es war der Sohn Gottes, der geantwortet hatte. Nach dem Tod Jesu stiess ein Soldat mit der Lanze in dessen Seite und es flossen sogleich Blut und Wasser heraus, steht im Johannesevangelium. Jesus Christus ist die lebendige Quelle, die Leben in Fülle verströmt: «Wer Durst hat, komme zu mir, und es trinke, wer an mich glaubt» (Joh 7,37–38). Dieser Jesus mit seinem geöffneten Herzen, das überfliesst vor Liebe, ist eine lebendige Wirklichkeit.

Wie können Menschen heute zu diesem lebendigen Gott finden?

Am ehesten in einer Haltung als Suchende, die offen sind für neue Erfahrungen. Gott ist immer der ganz andere. Besonders in der Stille, in der Kontemplation, in der inneren Wüste kann man Gott entdecken. Darum sollte die Kirche den Menschen Möglichkeiten bieten, wo sie diesen Raum der Stille und diese Orte des Erfahrungsaustauschs finden können. Beispielsweise in kleinen Weggemeinschaften, ganz im Sinne der Emmaus-Jünger. Solches, so scheint mir, müsste man in unseren Pfarreien vermehrt anbieten.

Du hast vorhin von Jesus, dem Gekreuzigten gesprochen. Tönt das in den Ohren vieler Menschen nicht fremd und unverständlich?

Ja, dessen bin ich mir bewusst. Heute wird gefordert, dass man Kruzifixe aus öffentlichen Orten entfernt. Manche meinen sogar, solche Kreuze wären anstössig, weil sie für die menschliche Psyche schädigend seien. Diese Tendenz macht mich traurig. Aber hören wir, was Paulus sagt: «Denn ich hatte mich entschlossen, bei euch nichts zu wissen ausser Jesus Christus, und zwar als den Gekreuzigten» (1 Kor 2,2). Das war seine zentrale Botschaft damals und das muss auch das Kernthema der Kirche heute sein und bleiben. Der gekreuzigte Jesus ist schliesslich ein Ausdruck der unendlichen Liebe Gottes zu jeder und jedem von uns. Jesus Christus ist die totale Hingabe an uns. «Es gibt keine grössere Liebe, als wenn einer sein Leben für seine Freunde hingibt» (Joh 15,13). Diese Liebe übersteigt alles, ist unendlich und bedingungslos. Die Heilige Schrift sagt weiter: «Und sie werden auf den blicken, den sie durchbohrt haben» (Sach 12,10b). An anderer Stelle lesen wir: «aus seinem Innern werden Ströme von lebendigem Wasser fliessen» (Joh 7,38).

Der **dürre Dornbusch** — die Wüste breitet sich aus

Die Wüste – Ort des Mangels, der die Chance für Neues birgt

Du hast von der unendlichen Liebe Gottes gesprochen, von Jesus, aus dessen Innern «Ströme von lebendigem Wasser fliessen». Doch unsere Lebenssituation ist zurzeit eine andere: Die Volkskirche löst sich auf, die Corona-Pandemie hat uns verändert, Krisen halten uns im Griff. In dieser Wüste sehnen wir uns nach Oasen …

Die Zeit der Pandemie sehe ich als eine Wüstenerfahrung für die ganze Menschheit. Eine ungewisse Wanderung mit Entbehrung, Mangel und grossen Gefahren. Die Chance darin sehe ich in einem neuen solidarischen Miteinander. Wir könnten Konflikte und Kriege beenden und die gewonnene Energie und die eingesparten Kosten für das Wohl aller Menschen einsetzen. Die Pandemie kommt nicht von Gott. Sie kommt von uns Menschen, die wir nicht mehr in Harmonie mit der Schöpfung leben. In jeder Krise stellt sich aber die Frage: Was will Gott uns damit sagen? Ebenso in der Kirche. Im Jahr 2010 wurde in der katholischen Kirche das «Jahr der Priester» ausgerufen. Kurz darauf wurden die Missbrauchsskandale bekannt, die durch Priester geschehen sind. Gott wollte uns damit doch sagen, dass vieles in dieser Kirche nicht stimmt und nicht gut ist! Die Krise ist also auch eine Chance, dass nun alles getan wird, damit solches nicht mehr vorkommt.

«Wüste» und «Wüstenerfahrungen» sind in der biblischen Botschaft omnipräsent. Kannst du etwas dazu sagen?

Der Auszug des Volkes Gottes aus Ägypten in eine neue Freiheit ist wohl das eindrücklichste Bild einer Wüstenwanderung. Die Wüste ist ein Ort des Rückzugs, des Auf-sich-selbst-zurückgeworfen-Seins und der Gottesbegegnung. Einem Neuaufbruch geht oft eine Zeit der Wüste, eine Wüstenwanderung voraus. Thomas Merton sagt, dass die Einöde geschaffen wurde, um schlechthin sie selbst zu sein, und nicht, um von Menschenhand in etwas anderes umgebildet zu werden. In der Wüste findet der Mensch eine Wohnstatt, in der er auf niemanden als auf Gott verwiesen ist. Die Israeliten hätten das Gelobte Land innerhalb weniger Monate erreichen können. Gott wollte aber, dass es 40 Jahre dauert, damit sie ihm in der Einöde, in einer Zeit der Einsamkeit und in der alleinigen Vereinigung mit ihm begegnen.[6]

Du sprichst von einer Spiritualität der Wüste. Kannst du diese noch etwas erläutern?

Bruder Charles de Foucauld, der Gründer der Gemeinschaft «Kleine Brüder Jesu», hat selbst unter den Tuareg in der Wüste gelebt. Seine Brüder und Schwestern leben und arbeiten, wie Jesus einst in Nazareth, mit den Armen in den Wüsten dieser Welt. Charles de Foucauld schrieb: «In die Wüste muss man gehen und darin verweilen, um die Gnade Gottes zu empfangen. Dort wird man leer, weist alles aus sich heraus, was nicht Gott ist, und leert das kleine Haus der Seele völlig, um allen Platz Gott allein zu überlassen. Jeder, der Frucht bringen will, muss notwendig durch diese Zeit gehen. Er braucht dieses

---

[6] Merton, Stundenbuch der Wüste, S. 47.

Schweigen, diese Sammlung, dieses Vergessen alles Geschaffenen; und in diesem Zustand richtet Gott sein Reich in ihm auf und gestaltet in ihm den innerlichen Geist. Man gibt nur, was man hat. Nur in der Einsamkeit, in einem Leben, wo man mit Gott allein ist, in der tiefen Sammlung der Seele, die alles Geschaffene vergisst, um allein in der Vereinigung mit Gott zu leben, schenkt sich Gott ganz dem, der sich ganz an ihn hält.»[7]

Alfred Delp, der die schreckliche Wüste in der Todeszelle der Nazis erlebte, formulierte dazu in einem Gebet: «Herr, lass mich erkennen, dass die grossen Aufbrüche der Menschheit und der Menschen in der Wüste entschieden werden. Herr, ich weiss, es steht schlimm um mein Leben, wenn ich die Wüste nicht bestehe oder die Einsamkeit meide.»[8]

Es gibt Menschen, die durch die Wüste des Leidens und der Krankheit gegangen sind und so viel Fruchtbares gewirkt haben. Hast du in dieser Hinsicht ein Vorbild?

Da könnte ich ganz viele aufzählen. Ich denke an die Wüstenväter, die das Mönchstum begründeten. An weitere Gründer von Gemeinschaften wie Franz von Assisi oder Ignatius von Loyola. Auf Mutter Teresa von Kalkutta, die auch eine lange Wüstenwanderung erlebte und den Orden der Missionarinnen der Nächstenliebe gründete, kommen wir noch zu sprechen. Ein erschütterndes Beispiel einer Frau, die jahrzehntelang durch die Wüste des Leidens ging und deren Leben gerade deswegen sehr fruchtbar wurde, möchte ich aber an dieser Stelle erwähnen: Marthe Robin (1902–1981). Für mich ist sie eine der grössten Mystikerinnen und faszinierendsten Ge-

---

[7] Ebd., S. 96.
[8] Ebd., S. 95.

stalten des 20. Jahrhunderts. Robin war Bäuerin und vom 18. Altersjahr bis zu ihrem Tod bettlägerig. Auf ihrem Bauernhof ausserhalb des Dorfes Châteauneuf-de-Galaure, 70 km südlich von Lyon, verbrachte sie ihr Leben ohne Nahrung und Schlaf in einem verdunkelten Zimmer und empfing mehr als 100 000 Personen. Von ihrem Krankenlager aus wurden mit Hilfe ihres geistlichen Begleiters Père Finet auf der ganzen Welt sogenannte «Foyers de charité» gegründet. Das sind Lebensgemeinschaften in Häusern, die Exerzitien anbieten. Marthe Robin wirkte im Hintergrund und ermöglichte das Entstehen mehrerer geistlicher Gemeinschaften. Sie ist ein grossartiges Beispiel dafür, dass die Fruchtbarkeit von innen kommt und nicht von Erfolg, Macht und Geld abhängt. Marthe Robin kann unserer Kirche, die kaum noch Früchte trägt und sich auf einer Wüstenwanderung befindet, wertvolle Impulse geben.

Wenn du das Bild der Wüste auf unsere Kirche beziehst, wie würdest du diese kirchliche Wüste umschreiben?

Es ist offensichtlich, dass die Kirchen Europas durch eine Zeit der Wüste gehen. Hohe Austrittszahlen, rückgängiger Kirchenbesuch, Überalterung, Skandale usw. zeigen das. Was ist unsere Reaktion darauf? Aus Hilflosigkeit und Überforderung, vielleicht auch Frust versuchen wir möglichst viel zu organisieren, attraktiv zu sein und so Menschen für diese oder jene Anlässe zu gewinnen. Es entsteht eine Eventkirche und man tröstet sich damit, dass an diesem und jenem Anlass so und so viele Menschen teilgenommen haben. Diese Art von Kirche ist im Trend, und sie ist gerade in vielen deutschsprachigen Diözesen noch möglich, weil noch Geld vorhanden ist. Wir haben eine gut organisierte Kirche. Die Verantwortlichen sind aber vor allem noch dazu da, den Betrieb aufrechtzuerhalten. Die Nachhaltigkeit bleibt oft auf der Strecke. Vieles ist oberflächlich, hohl und leer. Das ist für mich auch eine Art von Wüste, die ich zeitweise kaum ertragen kann. Ich denke, dass wir uns als Kirche zu sehr vom Evangelium entfernt haben.

Was ist zu tun?

Das, was Marthe Robin vorgelebt hat: nur die Verbundenheit mit Christus suchen und leben. In ihren Foyers de charité werden Exerzitien abgehalten, in denen schlicht und einfach die Kernthemen des Christentums vermittelt werden, in denen gebetet wird und Menschen wieder lernen, was es bedeutet, Christ zu sein und in die Nachfolge Christi zu treten. Das müsste und könnte vermehrt in unseren Pfarreien geschehen. Seelsorgerinnen und Seelsorger sollten selber geistliche Menschen sein, die nichts anders tun, als die Türen zu einem Leben mit Christus zu öffnen. Leider sind wir als Kirche viel zu sehr mit uns selbst beschäftigt statt mit Christus, der das Entscheidende wirkt. Nicht flüchten vor der Wüste, sondern uns ihr stellen, in die Wüste gehen und sie aushalten. Nicht in Aktivitäten rennen, die ein momentanes Glücksgefühl vermitteln, aber wenig bewirken, sondern innehalten, die Leere aushalten, damit Gott alles in allem füllen kann.

Meine Wüstenwanderung: keine Heimat mehr in der Kirche

Wüstenerfahrungen sind offenbar etwas Wichtiges in deinem Leben. Wie ist es dazu gekommen?

Natürlich war und ist nicht alles Wüste. Ich habe viel Schönes und Erfüllendes erlebt in der katholischen Kirche. Einige Erfahrungen, die ich jetzt schildern möchte, liessen meinen Weg in der Kirche aber zu einer Wüstenwanderung werden. Diese dauert nun schon etwa zehn Jahre. Heute bin ich so weit, dass ich offen darüber reden kann. Ich tue dies auch für viele, die leiden, aber sich nicht getrauen, etwas zu sagen.

Zehn Jahre ist eine lange Zeit. Wenn du auf diese Wüstenwanderung zurückblickst: Wie hast du sie erlebt?

Ich sehe drei Phasen, die aus psychologischer Sicht interessant sind. Es sind eigentlich Trauerphasen, die wir oft bei Verlust und Abschied erleben.

Nun bin ich aber gespannt. Was geschah in der ersten Phase?

Die erste Phase war die Phase der Auflehnung und des Nicht-wahrhaben-Wollens. Ich war rebellisch und versuchte mit allen Kräften, einen Platz in der Kirche zu finden, an dem ich mich wohlfühlte und mich entfalten konnte. Ich war überzeugt, dass ich diesen Platz finden würde. Es begann vor gut zehn Jahren. Ich kam in eine Pfarrei, in der ich mich zunehmend unwohl fühlte. Drei Jahre verbrachte ich dort. Nach einem Jahr machte ich eine Standortbestimmung und gelangte mit einem Artikel im Pfarrblatt an die Pfarreiangehörigen. Darin machte ich auch konkrete Vorschläge, wie wir als Pfarrei in Zukunft weitergehen könnten, und bat um Rückmeldungen. Der Artikel kam bei vielen nicht gut an und es entstand nichts daraus.

Über was hast du geschrieben?

Ich benutzte die Metapher vom absterbenden Baum, schrieb zum Beispiel: «Unsere Pfarreien erlebe ich in erster Linie als Versorgungskirche. Man ist verwöhnt und gewohnt, versorgt zu sein. [...] In meiner Aufgabe fühle ich mich alleingelassen als einer, der mit wenig Werkzeug ausgerüstet ein paar Früchte an einzelnen grünen Ästen pflegt, inmitten eines Baumes, der immer dürrer wird, allmählich abstirbt und kaum mehr neue Früchte hervorbringt. Nach meinem Empfinden kann die Pfarrei so nicht wachsen. [...] Als ‹einsamer Baumpfleger› und als Sterbebegleiter der Volkskirche bin ich nicht nach N.N. gekommen!»

Dann folgte die zweite Phase. Wie hat diese ausgesehen?

Sie begann nach etwa vier Jahren. Ich realisierte, dass ich meinen Platz in dieser Kirche, so wie ich sie erlebte, nicht mehr finden konnte. Das Sich-Auflehnen und Kämpfen wich der Resignation und Depression. Ich kam in eine andere Pfarrei, diesmal nicht als Pfarrer, sondern als leitender Priester mit einem Gemeindeleiter als Chef. Meine Hauptaufgaben waren die Altersarbeit und natürlich das Feiern der Sakramente. Die Mitarbeit im Firmprojekt hätte mich interessiert. Ich stellte mir vor, die Jugendarbeiterin zu unterstützen und so endlich wieder Kontakt mit jungen Menschen zu haben. In der vorherigen Pfarrei war dies nämlich nur beschränkt möglich gewesen. Meine Mitarbeit war aber nicht erwünscht und gemäss Stellenbeschrieb ja auch nicht vorgesehen. Ausschliesslich mit alten Menschen zu arbeiten und nur Rituale zu feiern, damit der Betrieb aufrechterhalten werden kann, erfüllte mich jedoch nicht. Eine Wüstenerfahrung war, dass ich in mir Potenzial spürte, dieses aber nicht ausschöpfen konnte. Ich war nahe dran, krank zu werden und in eine Depression zu fallen. Vorsichtshalber suchte ich einen Psychiater auf. Nach zwei Jahren verliess ich die Pfarrei.

Wäre es nicht wichtig, dass die Bistumsleitung von diesen Wüstenerfahrungen eines Seelsorgers erfährt?

Ich habe das Gespräch mit der Bistumsleitung immer wieder gesucht. Meine Botschaft an die Kirchenverantwortlichen: Seid nicht in erster Linie darauf bedacht, Löcher zu stopfen, auch wenn da und dort kirchliches Personal fehlt. Lernt die Menschen besser kennen, die für den kirchlichen Dienst zur Verfügung stehen. Befragt sie nach ihren Wünschen, Stärken und Charismen. Menschen im kirchlichen Dienst sind zufriedener, wenn sie ihren Stärken gemäss wirken können, und sie wirken auch segensreicher für die ihnen anvertrauten Menschen. Solange in der Pastoral aber die flächendeckende Versorgung im Vordergrund steht, wird das «Löcherstopfen» weiterhin Vorrang haben.

Du hast vorhin geschildert, dass du die Pfarrei verlassen hast. Was ist dann geschehen?

Ich liess mir ein ärztliches Zeugnis ausstellen und meldete mich beim RAV, der Regionalen Arbeitsvermittlungsstelle. Während eines Jahres suchte ich eine neue Stelle, entweder im Bereich der kirchlichen Spezialseelsorge oder ganz ausserhalb der Kirche. Ich erhielt aber nur Absagen, auch für die Stellen in der Spezialseelsorge. Nur einmal konnte ich mich vorstellen – als Sozialtherapeut. Das alles war natürlich sehr frustrierend.

Was hat dich über Wasser gehalten?

Der Glaube an eine neue Zukunft. Zum Glück wusste ich damals noch nicht, dass meine Ideen nicht aufgehen würden. Ich stellte mir vor, ausserhalb der Kirche eine neue Stelle zu finden im Bereich der Betreuung und Beratung und mich vielleicht teilzeitlich selbständig zu machen. Ich setzte mir neue Ziele, machte Ausbildungen. Das waren neue Herausforderungen, die mich motivierten und mir Freude bereiteten. Ich denke, dass mir diese Ausbildungen und der Glaube daran, dass sie mich weiterführen würden, Hoffnung gaben.

Welche Ausbildungen hast du absolviert?

Zuerst eine Coachingausbildung zum betrieblichen Mentor, dann die Grundausbildung in Logotherapie nach Victor Frankl in einem Institut in Deutschland und ein Modul in der Erwachsenenbildung.

Du hast von drei Phasen deiner Wüstenwanderung erzählt. Welches war die dritte Etappe?

Es schmerzte mich, dass ich das Gelernte und die Erfahrungen aus den Ausbildungen nicht direkt an einer neuen Arbeitsstelle anwenden konnte. Trotzdem waren sie nicht vergebens, denn sie haben mich in meiner persönlichen Entwicklung weitergebracht. Sie weiteten meinen Horizont und ich spürte, wie ich mich in vielerlei Hinsicht veränderte. Ich begann die Situation zu akzeptieren. Vieles blieb für mich unbefriedigend, aber ich konnte Abstand dazu gewinnen.

So hast du durch diese dritte Phase sozusagen wieder Boden unter die Füsse bekommen. Hast du zur Kirche zurückgefunden, nachdem du vergeblich ausserhalb gesucht hattest?

In der Zwischenzeit habe ich weitere Pfarreierfahrungen gemacht, auch als leitender Priester in einem Pastoralraum. An meiner aktuellen Stelle bin ich wieder Hauptverantwortlicher für die Seelsorge. Die Herausforderung, einen Pastoralraum mit einem neuen Team zu führen und Neues auszuprobieren, ist interessant. Ich spüre, dass ich wieder Fuss fassen könnte in der Kirche. Gleichzeitig muss ich aber auch sagen: Ich weiss heute mehr, was ich will und was ich nicht mehr will. Es wird sich zeigen, ob ich für diese Stelle eine langfristige Perspektive aufbauen kann. Wohl nicht, wenn sich herausstellt, dass die volkskirchlichen Strukturen mit ihrer Versorgungsmentalität immer noch das Wichtigste sind.

So haben die drei Phasen der Wüstenwanderung letztlich auch Früchte hervorgebracht.

Ja. Ich wandte mich wieder vermehrt dem kontemplativen Gebet zu und befasste mich stärker mit der Mystik und dem Konzept der Nondualität. Das sind die Oasen in der Wüste! Auch entdeckte ich durch die Ausbildungen, dass es mir Freude bereitet, bestimmte Themen zu erarbeiten, für die Erwachsenenbildung aufzubereiten und Reflexionsabende anzubieten. Es geht dabei um verschiedene Lebensfragen, um das Enneagramm oder die Logotherapie, aber auch um Mystik oder das Modell «Spiral dynamics» mit seinen Entwicklungsstufen. Alles Themenbereiche, die mich persönlich bereicherten und weiterbrachten.

Worum geht es bei «Spiral dynamics»?

Das Buch «Gott 9.0, wohin unsere Gesellschaft spirituell wachsen wird»[9] war für mich wie eine Offenbarung. Durch dieses Buch konnte ich meinen eigenen spirituellen Entwicklungsprozess besser verstehen. Clare Graves (1914–1986), ein US-amerikanischer Psychologe, forschte zu den verschiedenen Stufen oder Bewusstseinsebenen der Persönlichkeitsentwicklung. Es sind neun Bewusstseinsstufen oder «levels», die spiralförmig vom Ich- zum Wir-Bewusstsein wechseln und aufeinander aufbauen. Die sogenannte «Spiral dynamics» wird auch in der Organisationsentwicklung angewendet. Die Autorinnen und Autoren von «Gott 9.0» haben entdeckt, dass sich diese Ebenen auch auf die Gottesvorstellungen und die spirituelle Entwicklung anwenden lassen. Die katholische Kirche ist immer noch stark in der Stufe 4 verhaftet, und als Priester reprä-

---

[9] Küstenmacher et al., Gott 9.0.

sentiere ich diese ganz besonders. Auf dieser Stufe geht es um Wahrheit, eine höhere Ordnung und Moral. Es gibt Heilige und Sünder. Das Gesetzliche, Hierarchische ist massgebend. Gott ist auf dieser Stufe der Allmächtige und der Richter. Nach aussen habe ich in einem System zu funktionieren, das immer noch von einer bestimmten Stufe geprägt ist. Aber aufgrund meines persönlichen Entwicklungsprozesses gehöre ich innerlich einer anderen Stufe an. Das zu durchschauen, war für mich sehr hilfreich.

Wir alle machen in unserem Leben die Erfahrung von kürzeren oder längeren Wüstenwanderungen. Was rätst du jemandem, der eine solche Durststrecke durchstehen muss?

Auf einer Wüstenwanderung scheint der Weg weit zu sein, ein Ziel ist nicht in Sicht. Wichtig ist die Ausdauer: einfach weitergehen und die verborgenen Oasen ausfindig machen, die immer da sind. Oasen können Menschen sein, die uns zuhören und helfen. Vermehrt nach innen horchen, das Kreisen um die eigenen Gedanken loslassen. Das innere Gebet pflegen, damit die Quelle in uns wieder zum Vorschein kommt. Dem nachspüren, was ich brauche und was mir guttut, und dies dann auch tun.

Priester müssen Unterstützung erfahren und getragen sein

Ich möchte noch einmal auf den Pfarrblattartikel zurückkommen. Dort kam zum Ausdruck, dass du dich alleingelassen fühltest.

Ja, ich fühlte mich als Einzelkämpfer. Das geht vielen so, vor allem Priestern, die in einem grösseren, eher ländlichen Gebiet, wo die einzelnen Pfarreien weiter auseinanderliegen, die sakramentalen Dienste abdecken müssen. Natürlich gibt es auch Teams, in die Priester gut integriert und eingebettet sind. Als ich selber auf der Suche war nach einer Stelle und zwei Priester befragte, warum sie ihre Pfarreien verlassen hatten, kam deutlich zum Ausdruck, dass sie sich erhofften, weniger als Einzelkämpfer wirken zu müssen.

Aber Priester haben durch ihre angesehene Stellung und die vielseitigen Tätigkeiten doch oft Kontakte mit Menschen, weit mehr als viele in anderen Berufen?

Das könnte man meinen. Früher, vor 50 Jahren, war dies noch der Fall. Ein Priester hatte durch seine Weihe eine Sonderstellung und war als Respektsperson sehr angesehen. Meist lebte er mit einer Pfarrhaushälterin zusammen, in grösseren Pfarreien mit einem oder sogar mehreren Vikaren. Jedes Dorf hatte seinen Pfarrer und es wurden freundschaftliche Kontakte gepflegt. Wie der Arzt oder der Lehrer war der Pfarrer nicht wegzudenken aus der Gemeinschaft vor Ort. Durch diese Ausnahmestellung war der Priester aber immer auch etwas abgehoben. Zum Glück ist diese Zeit bei uns weitgehend vorbei. In Afrika habe ich diese Mentalität noch angetroffen. Ich sagte einmal zu einer Gruppe von Priestern in Gabun, sie seien hier wie kleine Könige und ihr Bischof sei der grosse König. Sie schmunzelten. Mir aber missfällt diese klerikale Art. Sie hat auch keine Zukunft.

Wie müsste Kirche sein, dass sie Zukunft hat und Priester sich von ihr getragen fühlen?

Der katholische Theologe Gerhard Lohfink ist der Ansicht, unsere Pfarreien und Bistümer seien oft Verwaltungseinheiten statt lebendige Gemeinden mit Menschen, die ihr Leben miteinander verbunden haben und gemeinsam in der Freude des Evangeliums leben. Mit lebendigen Gemeinden meint er «nicht in erster Linie Pfarreien, in denen es eine Vielzahl von Veranstaltungen und Aktivitäten gibt, sondern Pfarreien, in denen es Umkehr, gegenseitige Versöhnung, Nachfolge, Glaube an das Evangelium gibt. Wo es solche Lebensräume, solche Biotope des gemeinsamen Glaubens gibt, gibt es auch genügend Priester. Was uns fehlt, sind nicht die Priesterberufe. Gott ruft immer und überall. Was uns fehlt, sind lebendige Gemeinden, in denen der priesterliche Dienst hochgeschätzt wird, in denen er nicht unablässig zerredet und in Frage gestellt wird, in denen ein Priester viele Schwestern und Brüder hat und in denen keiner allein ist.»[10]

Es sollte also eine geschwisterliche Kirche angestrebt werden, statt an der klerikalen Kirche festzuhalten?

Das ist richtig. Unsere Ortskirchen haben sich in vieler Hinsicht positiv weiterentwickelt. Darüber bin ich froh. In der

---

[10] Lohfink, Gegen die Verharmlosung Jesu, S. 228–230.

Sprache der Entwicklungsstufen, die ich oben erwähnte, bewegen sie sich heute weitgehend auf Stufe 6. Hier stehen das Gemeinsame, das Miteinander, das partizipative Führen, die Rücksichtnahme auf Minderheiten usw. im Vordergrund. Aber auch diese Stufe kennt ihre Einseitigkeiten und Tücken. Vor lauter Bestreben, das Miteinander zu leben, besteht die Gefahr, dass andere ausgeschlossen werden.

Kannst du dazu ein Beispiel nennen?

Die katholische Kirche des Kantons Luzern hat unter dem Titel «Zehn Schritte zu einer geschwisterlichen Kirche von Frauen und Männern» ein Papier herausgegeben. Es wurde von über hundert Theologen und Theologinnen und einigen Priestern unterschrieben. Die meisten Punkte könnte ich auch unterschreiben. Aber im Abschnitt «Pastoral der Präsenz» (Punkt 4) steht: «Pfarreileitungen fördern eine Pastoral der Präsenz und verzichten auf den Einsatz von Priestern ohne starken Bezug zur Pfarrei. Vor Ort wird eine vielfältige Kultur von Seelsorge, Wortgottesfeiern und anderen liturgischen Formen entwickelt.»[11] Es wird zu Recht darauf hingewiesen, dass die Praxis, Priester für die Sakramentenspendung «einzufliegen», von Seelsorgenden und Gläubigen zunehmend als unbefriedigend erfahren wird. Dies entspreche einem mechanistischen Sakramentenverständnis. Aber wo bleibt da die Geschwisterlichkeit, wenn Priester in einem Team gar nicht erwünscht sind? Man drängt sie in ein Ghetto und unterstellt ihnen, sie würden nicht zu einer vielfältigen Kultur in der Kirche beitragen. Später, beim Thema «Pastoralräume», komme ich auf dieses Thema zurück.

---

[11] Zehn Schritte zu einer geschwisterlichen Kirche, 4 – Pastorale Präsenz.

Priester aus Afrika, Indien und Polen

Wie du berichtest, gibt es in deinem Bistum Bestrebungen, der pastoralen Notsituation mit verschiedenen Massnahmen entgegenzutreten. So können wir doch von Glück reden, wenn viele Priester aus anderen Kulturen bei uns eine Möglichkeit für einen pastoralen Dienst suchen. Können wir mit solchen Priestern aus fernen Ländern nicht zeigen, dass wir eine weltweite (= katholische) und geschwisterliche Kirche sind?

Es tut der Kirche Mitteleuropas sicher gut, dass sie durch den Einsatz von auswärtigen Priestern Unterstützung erfährt und so weltweite Kirche schnuppern kann. Mancherorts ist die Mehrheit der Katholiken ausländischen Ursprungs. Viele freuen sich, Priester aus ihren Heimatländern anzutreffen, und vielen Schweizern gefällt die Lebensfreude, die ausländische Priester oft ausstrahlen. Trotzdem finde ich den übermässigen Einsatz von Priestern aus anderen Ländern fragwürdig und gehe mit Bischof Charles Morerod von der Diözese Lausanne, Genf und Freiburg einig, wenn er sagt, dass es zu viele Gottesdienste für zu wenige Gläubige gebe. Statt der aktuell 345 Priester sollen künftig nur noch 170 Priester in seinem Bistum amten. Die Reduktion soll vor allem bei den ausländischen Priestern erfolgen.[12]

---

[12] Kucera, Bischof will Priester loswerden.

In Ländern Afrikas gibt es eine grosse Anzahl Priester. Früher gingen viele europäische Priester in die Mission nach Afrika. Warum sollen heute nicht umgekehrt ausländische Priester nach Europa kommen?

Mit dieser Aussage habe ich Mühe, weil sie nur zum Teil richtig ist. Es stimmt, dass viele europäische Priester in entfernte Länder gingen und das Christentum dorthin brachten. Viele wirkten dort segensreich und bauten wichtige Infrastrukturen auf. In Kamerun haben mir einheimische Priester den grossen Gebäudekomplex einer Schule gezeigt, die ein Schweizer Priester aufgebaut hatte. Wir dürfen die Missionsarbeit aber auch nicht idealisieren, und aus heutiger Sicht müssen wir einiges hinterfragen. In Afrika gibt es nicht zu viele Priester, so dass man sie einfach anderswo einsetzen könnte. Es braucht die Priester vor allem in ihrer Heimat. Hier möchte ich gern ein eindrückliches Erlebnis anfügen: Ein Priesterfreund von mir in Gabun, den ich auch mal besucht habe, wurde von seinem Bischof ins Studium nach Paris geschickt mit der Begründung, dass er ihn für Aufgaben an der Hochschule brauchen würde. Er ging für mehrere Jahre nach Paris zum Studium. Als er in seine Heimat zurückkehrte, war vonseiten seiner Diözese nichts vorbereitet. So unterrichtete er Katechetinnen und Katecheten. Er sagte mir, dass es in seinem Land eigentlich zu wenig Priester habe, weil es viele abgelegene Gebiete ohne Kirchen und Priester gebe. Man müsste neue Pfarreien errichten, was aber nur langsam oder kaum getan werde. So schickt man lieber Priester nach Europa. Das spült erst noch etwas Geld in die Bistumskasse. Der Missionsgedanke ist da zweitrangig.

Gibt es noch andere Stimmen als die von Bischof Morerod, welche die Anstellung von ausländischen Priestern in Frage stellen?

Der bereits zitierte Theologe Tomas Halik bringt es auf den Punkt: «Haben wir denn wirklich gedacht, dass wir den Mangel an Priestern in Europa mit dem Import von ‹Ersatzteilen› aus den scheinbar unergründlichen Lagern in Polen, Asien und Afrika ausgleichen könnten, um die Maschinerie der Kirche am Laufen zu halten? Sicher sollen wir die Impulse der Amazonas-Synode ernster nehmen, aber gleichzeitig einen grösseren Raum für den Dienst der Laien in der Kirche schaffen; vergessen wir nicht, dass die Kirche in vielen Gebieten ganze Jahrhunderte ohne Priester überstand.»[13]

Du hast in mehreren Pfarreien und Regionen im Bistum Basel gearbeitet. Was sind deine persönlichen Erfahrungen mit ausländischen Priestern?

Sie sind sehr unterschiedlich: Die einen leben sich gut ein, finden sich zurecht und entfalten eine wertvolle pastorale Tätigkeit. Andere sind überfordert, fühlen sich alleingelassen und sind unglücklich. Ich denke beispielsweise an einen indischen Priester, der in einer Nachbarpfarrei wirkte. Er feierte in seiner Heimat die Liturgie in einem anderen Ritus. Er kam mit den Verhältnissen hier in der Schweiz nicht zurecht. Die einfachsten praktischen Dinge waren für ihn neu. Er brauchte viel Unterstützung, vom Chauffiertwerden – den europäischen Fahrausweis hatte er nicht bestanden – bis zur Liturgie und Predigtvorbereitung. Die Pfarreisekretärin hatte doppelt so viel Arbeit wie zuvor. Vorgesehen war, dass er fünf Jahre in der Schweiz bleibt. Er wurde alkoholkrank. Nach vier Jahren hat man ihn zurückgeholt.

---

[13] Halik, Christentum in Zeiten der Krankheit.

Ein anderes Beispiel: Ein afrikanischer Priester sagte mir, als er die Pastoralräume im Bistum Basel kennenlernte: «Hier lohnt es sich nicht, Priester zu werden.» Er fühlte sich einsam in seinem grossen Pfarrhaus und bat den Bischof nach zwei Jahren um einen Wechsel. Nun hat man ihn in einen anderen Pastoralraum geschickt, ausgerechnet an einen Ort, wo keine Zusammenarbeit besteht und die Integration ins Team fehlt. Ich habe ihm geraten, nach Afrika zurückzukehren, da sei er glücklicher. Dort feiern die Priester die Gottesdienste vor Tausenden von Menschen. Ich habe das selber oft erlebt. Hier, in einer völlig anderen Kultur und veränderten Kirchenrealität, ist es verständlich, dass sich viele nicht heimisch fühlen. Es ist schon für uns Schweizer Priester frustrierend, wenn wir werktags in einer grossen Pfarrei mit kaum einem Dutzend Menschen Gottesdienst feiern. Wie muss sich da ein Afrikaner fühlen?

Welchen Umgang mit ausländischen Priestern würdest du aufgrund deiner Erfahrungen vorschlagen?

Es sollen weiterhin Priester aus anderen Ländern und Kontinenten zu uns kommen können, aber weniger. Dafür sollen sie länger bleiben. Ich kenne drei Schweizer Priester, die ausgewandert sind und als Priester in Guatemala, Argentinien und China wirken. Das ist ihre Berufung. Ich könnte das nicht. Ich bewundere, was sie alles auf sich nehmen und wie sie unter schwierigsten Bedingungen arbeiten. So sollte es auch mit Priestern sein, die zu uns kommen. Wenn sie die Berufung spüren, bei uns zu wirken, sollen sie für längere Zeit kommen können. Einige lassen sich dann vielleicht sogar in unseren Bistümern inkardinieren. Es soll eine Berufung sein und das Geld sollte nicht im Vordergrund stehen. Aber es ist ganz wichtig, dass diese Priester zuerst eine Einführungszeit durchlaufen. Zwei Jahre lang sollten sie bei einem erfahrenen Pfarrer als Vikar wirken. Am Ende der Zeit wird geprüft, ob sie sich für den Einsatz in der Kirche bei uns eignen. Auch sollten sie unsere Sprache sprechen. Wenn sie das zu wenig gut tun, sollte man sie wieder zurückschicken. Alleine eine Leitungsfunktion mit grösserer Verantwortung übernehmen sollten sie erst nach der erwähnten Einführungszeit. So könnte man viele Probleme verhindern und vor allem würde man keine ausländischen Priester verheizen. Als Schweizer absolviere ich in meinem Bistum eine zweijährige Berufseinführung. Ein afrikanischer oder indischer Priester, der vielleicht in Rom studiert hat, die Schweizer Kirche nicht kennt, soll in wenigen Monaten Einblick in die Pfarrei bekommen und wird dann alleine in einen Pastoralraum gestellt, wo er in einem grösseren Gebiet als leitender Priester zuständig ist: Das geht oft schief! Jedes Bistum sollte hier seine Verantwortung wahrnehmen und behutsam prüfen, welche Priester es aufnimmt und wie es sie schrittweise in ihre Aufgabe einführt.

Wie ein **Baum am Wasser** gepflanzt

An der Beerdigung von Mutter Teresa in Kalkutta

Du bist ein mit der Natur verbundener Mensch. Könntest du den Zustand der Kirche mit einem Bild aus der Schöpfung veranschaulichen?

Nehmen wir die kleine Parzelle meiner Familie. Dort gibt es noch ein paar Obstbäume, mehrheitlich Zwetschgenbäume. Es ist eine Parzelle in Hanglage in einem Rebgebiet, meine Vorfahren bauten dort früher Reben an. Im oberen Teil ist es recht steil. Aufgrund der zunehmenden Trockenperioden wegen des Klimawandels musste ich in den letzten Jahren Bäume wässern und ersetzen. Es ist fraglich, ob Obstbäume auf dieser Parzelle längerfristig noch gut gedeihen können. Soll man da überhaupt noch Bäume pflanzen? Und auf was könnte man umstellen, wenn man keinen Rebberg mehr möchte? Ein Bewässerungssystem, wie sie für Obst- und Rebkulturen zur Anwendung kommen, ist für diese kleine Parzelle keine Option. Auf die Kirche übertragen: Wir haben immer noch ein recht dichtes Netz von Pfarreien. Mit neuen Strukturen werden «Bewässerungssysteme» angelegt, um möglichst alle Pfarreien und Ortschaften zu versorgen. Es gibt auch einen «Klimawandel» mit veränderten Bedingungen in der Kirche. Diese müssen wir unbedingt berücksichtigen. Wir können uns fragen: Was ist für die Kirche von heute wichtig, damit sie nachhaltig wachsen kann? Taugen unsere «Bewässerungssysteme» überhaupt noch?

Die Begegnung mit einer grossen Frau hat mich persönlich weitergebracht. Es ist die heilige Mutter Teresa von Kalkutta.

Sie inspirierte mich in vielerlei Hinsicht und ich entdeckte durch sie «Kirche, die am Wasser gepflanzt ist».

Wie hast du Mutter Teresa kennengelernt?

Begegnet bin ich ihr zu ihren Lebzeiten nie. Angezogen hat mich ihr Wirken unter den Armen und ihre Hochschätzung der Eucharistie. Ab und zu bin ich nach Zürich gefahren, um am frühen Morgen mit den Missionarinnen der Nächstenliebe, so heisst der Orden der Mutter-Teresa-Schwestern, die Messe zu feiern.

Ein grosses Anliegen ist für dich die Erneuerung der Kirche und des pastoralen Lebens. Könnte uns diese Frau, die von Papst Franziskus 2016 heiliggesprochen wurde, durch ihr Leben und Wirken Impulse für unsere Frage geben, welchen Weg die Kirche einschlagen sollte?

Ich denke ja. Mutter Teresa lebte in unserer Zeit und Gott hat Grosses durch sie gewirkt. Die Schwestern vergleichen ihren Orden mit einem Baum mit unterschiedlichen Zweigen, die für die verschiedenen Gruppierungen des Ordens stehen. Das sind etwa die aktiven und kontemplativen Schwestern und Brüder, dann die freiwilligen Mitarbeitenden, die keine Gelübde ablegen. Dieser Baum mit seinen Ästen ist wie eine grosse Familie. Sie ist innert weniger Jahrzehnte stark gewachsen. Ich bin überzeugt, dass uns diese Heilige wichtige Impulse für die Kirche von heute geben kann. Mutter Teresa ist einer der grössten Mystikerinnen unserer Zeit. Von mystischen Christinnen und Christen können wir viel lernen – für uns persönlich und für die Kirche. Es geht nicht darum, dass wir sie nachahmen und äusserlich kopieren, sondern dass wir ihr inneres Leben verstehen lernen. Aus welchen Quellen schöpften sie? Was könnte das mystische Christentum uns lehren?

Mutter Teresa ist nicht für alle ein Vorbild. Sie wurde kritisiert, Spenden von Kriminellen angenommen zu haben, und die Arbeit in ihren Häusern gab zu Kritik Anlass.

Wir leben in einer Zeit, in der schnell und viel beanstandet und kritisiert wird. Oft werden schon Schuldige gesucht, bevor genaue Fakten vorliegen. Bei Mutter Teresa gab es Kritik, die nicht zutrifft. Und man hat sie nicht immer verstanden. Einige Beanstandungen sind sicher berechtigt. Auch Heilige sind Menschen. Sie sind nicht perfekt, machen Fehler wie wir alle. Ich möchte nun etwas ausholen, was das Kritisieren in unserer Kirche betrifft, weil es dem Wachstum schadet und die «Wasserzufuhr», den Heiligen Geist, blockiert. Auch in dieser Hinsicht ist Mutter Teresa, wie sie jedem Einzelnen vorurteilslos begegnet ist, ein Vorbild.

Was war ihr Geheimnis?

Für sie war die Begegnung mit jedem Menschen, ob Staatsoberhaupt oder Slumbewohner, eine Begegnung mit dem lebendigen Christus. Deshalb war sie in jeder Begegnung ganz präsent. Beim Seligsprechungsprozess gab es unzählige Zeugnisse von Menschen, die eine ganz persönliche Freundschaft mit Mutter Teresa erlebten. Das ging eigentlich allen so, die näher mit ihr zu tun hatten. Sie glaubten dies, weil sie angeschaut wurden mit einem Blick der Liebe, der sie verwandelte. Für Mutter Teresa war jeder Mensch ein Geheimnis, in dem Gott wohnt. Sie war ganz bei sich und gleichzeitig ganz beim anderen. Es interessierte sie nicht, welche Vergangenheit dieser oder jener Mensch hatte und was man über ihn erzählte. Der Moment war wichtig. Und der Moment war für sie die Begegnung mit dem lebendigen Christus in diesem Menschen.

Du hast angedeutet, dass wir in unserer Kirche zu schnell kritisieren. So wird doch das lebendige Wirken des Heiligen Geistes behindert. Wie kann er seine geistlichen Früchte schenken, wenn die Kirchenverantwortlichen nicht in einer Einheit zusammenwirken? Wie hast du das erlebt?

Konstruktive Kritik in Liebe ist bisweilen nötig. Es gibt aber eine Art von Kritik, die unter hauptamtlichen Seelsorgerinnen und Seelsorgern nicht gepflegt werden sollte. Ich nenne ein Beispiel: Als ich in eine neue Pfarrei kam, stellte ich aufgrund von Reaktionen fest, dass man sich ein bestimmtes Bild von mir gemacht hatte. Offenbar wurde vor meinem Stellenantritt schlecht über mich geredet. Dann fand ich zufällig ein Protokoll, in dem vermerkt war, dass man mich auf Probe anstelle, weil ich kirchlich eine konservative Haltung leben würde, die sich vielleicht mit dem Team und für diese Pfarrei nicht vertrage. Es macht mich traurig, wenn solche voreiligen Urteile gefällt werden. Es ist wichtig, dass man in einem Team unvoreingenommen aufeinander zugeht und gut miteinander arbeiten kann. Darauf lege ich viel Wert.

Ja, leider ist diese Spannung zwischen konservativen und progressiven Strömungen vielerorts spürbar. Wo könnte das Problem liegen?

Die meisten Konflikte – ob in der Kirche oder ausserhalb – entstehen aus dem Dreischritt Wahrnehmung, Interpretation und Zuschreibung. Wir nehmen zuerst etwas wahr, über das Sehen oder Hören. Es handelt sich um eine sinnliche Anschauung. Dann, auch ganz subjektiv, sind wir geneigt zu interpretieren. Aufgrund unserer Erfahrungen bilden wir Kategorien und ordnen zu. Wir vergleichen mit den eigenen Mustern. So werten wir automatisch. Weiter kommt es zur Zuschreibung, explizit oder implizit, und das ist dann der neuralgische Punkt, wo es zur Konfrontation und zum Konflikt kommt. Wir sollten uns eine phänomenologische Grundhaltung aneignen, eine Haltung, wie wir sie bei Mutter Teresa gesehen haben.

Was ist eine phänomenologische Grundhaltung?

Die Phänomenologie wurde vom Philosophen Edmund Husserl begründet und dann insbesondere von Max Scheler und Martin Heidegger weiterentwickelt. Sie ist nicht so sehr eine philosophische Schule als vielmehr eine praktische Grundhaltung des Denkens und Sehens. Mit Phänomenen sind Dinge und Erscheinungen gemeint, also das, was sich zeigt. Heidegger erläutert den Ausdruck «Phänomenologie» mit den Worten: «Das, was sich zeigt, so wie es sich von ihm selbst her zeigt, von ihm selbst her sehen lassen.»[14] Das will eingeübt werden, damit wir nicht ins Interpretieren und Zuschreiben kommen. Es ist ein Anschauen, was ist, ohne zu bewerten. Es geht um ein Innehalten und Wahrnehmen, das zu mehr Sehen führt und mehr zeigt, als ist. Es geht um ein Offensein für das Geheimnis und ums Staunen. Das können Kinder besser. Wir Erwachsene müssen es durch Achtsamkeitsübungen wieder erlernen. Mutter Teresa, die Mystikerin, hat vermutlich nichts gewusst von dieser phänomenologischen Haltung, aber sie hat sie durch und durch gelebt.

---

[14] Vetter, Die phänomenologische Haltung.

Offenbar hat das Leben und Wirken dieser Heiligen dein priesterliches Wirken stark geprägt. Einmal wärst du ihr fast begegnet, doch es kam anders als geplant.

Ja. Beim Wechsel von einer Pfarrei in eine andere wollte ich die freie Zeit nutzen. Ich plante eine Reise nach Kalkutta, um für einige Wochen den Schwestern in den Armenhäusern zu helfen, wie es viele tun. So hatte ich auf Montag, 8. September 1997 einen Flug gebucht. Am Freitag, 5. September, abends erfuhr die ganze Welt, dass Mutter Teresa im Mutterhaus in Kalkutta gestorben sei. So kam es, dass ich bei den Trauerfeierlichkeiten dabei sein konnte.

Das muss sehr eindrücklich gewesen sein. Kannst du die Erlebnisse rund um die Trauerfeierlichkeiten etwas schildern?

Als ich in Kalkutta ankam, war Mutter Teresa bereits in der Thomaskirche aufgebahrt. Tausende Menschen nahmen bis zum darauffolgenden Samstag, 13. September von ihr Abschied. Ich hatte das Glück, mehrmals dorthin gehen zu können. Ein italienischer Kapuziner ermöglichte es, dass ich auf die Liste der Konzelebranten gesetzt wurde, und zu meiner grossen Überraschung und Freude durfte ich bei der Trauermesse konzelebrieren. Ich war sehr berührt und dankbar, dass ich das erleben durfte. Ich musste vor Rührung die Tränen unterdrücken, als der Leichnam am Schluss der Zeremonie hinausgetragen wurde und viele Schwestern weinten.

Kennenlernen der Priesterbewegung von Mutter Teresa

Du bist ja Mitglied der Priesterbewegung «Corpus Christi».
Wie bist du zu dieser Bewegung gekommen?

Nach den Trauerfeierlichkeiten im grossen Hallenstadion fand die Bestattung im Mutterhaus der Schwestern statt. Schon bald nachdem das Grab für alle zugänglich war, ging ich dorthin, um zu beten. Am Grab traf ich auf den Priester Pascual Cervera, der drei Monate zuvor von Mutter Teresa zum Koordinator der Priesterbewegung «Corpus Christi» ernannt worden war. Diese Bewegung für Diözesanpriester war schon in den Achtzigerjahren gegründet worden. In New York schlossen sich ihr einige Priester an. Unter diesen war Joseph Langford, der später die «MC-Fathers», den Priesterzweig im Orden der Missionarinnen der Nächstenliebe, gründete. Die Idee der Bewegung für Welt- und Diözesanpriester, die nicht dem Orden angehören, aber trotzdem mit ihm verbunden sind, ist dann über viele Jahre eingeschlafen. Im Mai 1997 kam Mutter Teresa nach New York, um «Corpus Christi» wieder neu und offiziell ins Leben zu rufen. Es war ihre letzte grosse Reise und Entscheidung vor ihrem Tod. Sie traf dort einige Priester und ernannte Pascual Cervera, der der Diözese von New York angehörte, zum internationalen Koordinator. Im Juni desselben Jahres reiste sie nach Rom und unterbreitete Papst Johannes Paul II. ihr Anliegen. Der Papst wurde offiziell das erste Mitglied der wieder neu gegründeten Bewegung. Dann kehrte sie nach Kalkutta zurück, wo sie zwei Monate später starb. Als ich Pascual Cervera am Grab von Mutter Teresa traf, war ich mit einem niederländischen Priester zusammen. Cervera fragte uns beide, ob wir Mitglied der Priesterbewegung «Corpus Christi» werden wollten. Spontan sagten wir ja, obwohl wir noch gar nicht wussten, um was es da genau ging. Ich kehrte dann in die Schweiz zurück und begann meine neue Stelle als Vikar in der Dreifaltigkeitskirche in Bern. Über zwei Jahre hörte ich nichts mehr von Pascual Cervera aus New York. Doch dann, im Frühjahr 2000, wurden der niederländische Priester und ich als einzige Europäer für ein erstes Treffen und Exerzitien der Bewegung nach New Jersey eingeladen. Ich sog dort alles auf wie ein trockener Schwamm. Was ich erfuhr und erlebte, musste unbedingt auch in Europa Fuss fassen.

Wie kam die Bewegung dann in die Schweiz und was war deine Aufgabe?

Am 5. September 2000, am dritten Todestag von Mutter Teresa, lud ich zu einem Priestertreffen in die Dreifaltigkeitskirche nach Bern ein. Zu meiner Überraschung versammelten sich über 20 Priester, Diakone und Seminaristen um den Altar. Ich vertiefte mich in die Spiritualität von Mutter Teresa und machte für die Bewegung Werbung, wo ich konnte. So entstanden Gruppen von Priestern, die der Bewegung angehören wollten. Ich organisierte Treffen, Einkehrtagungen und Exerzitien für Priester in mehreren Ländern Europas und in drei Ländern Afrikas. Es war eine sehr interessante Zeit, in der ich viele interessante Priester und auch Bischöfe kennenlernen durfte. Eine wichtige Tätigkeit waren auch Einsätze für die Schwestern, kleinere und grössere Tagungen in verschiedenen Ländern Europas und einmal grosse Exerzitien in Kamerun. Ich war fasziniert von Mutter Teresa und ihrer Spiritualität und erfuhr, wie diese Heilige wichtige Impulse geben kann für die Kirche von heute. Dies war für mich die glücklichste und schönste Zeit in meinem Priestersein. Ich fühlte mich am lebendigen Wasser.

Mutter Teresa, eine grosse Mystikerin für die Kirche von heute

Mutter Teresa wurde in den Medien in erster Linie als Powerfrau präsentiert: eine Frau der Aktion und tätigen Nächstenliebe. Hast du durch deine intensive Auseinandersetzung mit dieser Persönlichkeit dasselbe Bild vor Augen?

Natürlich, sicher war sie eine Powerfrau, durch und durch. Aber das ist nur die äussere, sichtbare Seite dieser grossen Frau. Man kann in vielen Biografien über Mutter Teresa und ihr aktives Leben lesen, trotzdem wird man sie noch nicht wirklich kennen. Mir ging es in erster Linie immer darum, ihr inneres Geheimnis, das der Mystikerin, kennen und verstehen zu lernen. Bemerkenswert ist, dass selbst die vertrautesten Mitschwestern bis in die Neunzigerjahre hinein nichts wussten von ihrem inneren Geheimnis. Mutter Teresa genierte sich, von ihr selbst zu erzählen, sie wollte dies wie die Mutter Gottes in ihrem Herzen bewahren (vgl. Lk 2,51b). Erst einige Jahre vor ihrem Tod realisierte sie, dass es für das Fortbestehen des Ordens wichtig ist, dass die Schwestern mehr eingeweiht werden in das, was sie in ihrem tiefen geistlichen Leben erlebt hatte. Aber das vollständige Bild der Mystikerin Mutter Teresa kam erst nach ihrem Tod, beim Seligsprechungsprozess zum Vorschein, als ihre Briefe an die geistlichen Begleiter entdeckt wurden. Einige Schwestern erzählten mir, sie seien regelrecht schockiert gewesen, als sie von der lang anhaltenden geistigen Nacht von Mutter Teresa erfuhren. Diese Nacht wurde in der Folge manchmal auch als Depression und Glaubensabfall gedeutet. Doch bei Mutter Teresa ging es um etwas ganz anderes. Ich komme später auf dieses Geheimnis in ihrem Leben zurück.

Kannst du noch etwas über dieses verborgene mystische Leben von Mutter Teresa erzählen?

Wir müssen zum Ausgangspunkt zurückgehen, zum Ruf innerhalb der Berufung: «call in the call», wie es Mutter Teresa nannte. Alles begann mit drei zentralen Visionen, die Mutter Teresa im Zug nach Darjeeling, auf dem Weg in die Exerzitien, am 10. September 1946 und in der darauffolgenden Zeit erlebte.

Welches sind die drei Visionen?

Ich nenne sie Visionen, obwohl es vielleicht nicht ganz zutreffend ist. Es ist schwierig, nachzuvollziehen, wie Mutter Teresa sie erlebte. Es waren eine Art Eingebungen. Sie hörte dabei die Stimme Jesu. In einer ersten Vision sah Mutter Teresa eine grosse Menschenmenge. Die Menschen waren sehr arm und im Dunkeln, ja in der Finsternis. Sie flehten Mutter Teresa an: «Bring uns zu Jesus und bring Jesus zu uns!» In der zweiten Vision sah sie Maria, die Mutter Gottes. Sie zeigte auf die Armen und sagte: «Diese sind meine Kinder. Hilf mir, sie zu Jesus zu führen, und lehre sie den Rosenkranz beten.» In einer dritten Vision sieht sie die Armen und Maria. Sie hört, wie Jesus am Kreuz zu ihr die Worte sagt: «Mich dürstet» (Joh 19,28). Maria war hinter ihr, legte ihre Hand auf ihre Schulter und wies mit der anderen auf Jesus am Kreuz. Die Armen flehten sie an. Sie hörte, wie Jesus zu ihr sprach: «Ich möchte Schwestern, die mit der Armut des Kreuzes und dem Gehorsam des Kreuzes bekleidet und ganz von meiner Liebe erfüllt sind.» Mutter Teresa hatte Angst. Da hörte sie Jesus sagen: «Weigerst du dich, eine solche Schwester für mich zu sein?» Später, im Jahr 1947, hörte sie Jesus nochmals deutlich sagen: «Meine Kleine, komm. Trage mich in die Unterschlüpfe und in die Löcher der Armen. Komm und sei mein Licht! Ich kann nicht alleine gehen. Sie kennen mich nicht. Würden sie mich kennen, würden sie mich lieben. Trag mich zu ihnen hinein. Wie ich mich danach sehne, ihre dunklen Unterkünfte zu besuchen …» Das, was Jesus zu ihr sagte, kann man im Buch von Brian Kolodiejchuk nachlesen.[15]

Das ist wirklich eine berührende und spannende Geschichte. Was ist dann geschehen?

Nach anfänglichem Zögern und vielen Ängsten willigte Mutter Teresa in alles ein. Sie legte 1942 ein privates Gelübde ab, worin sie Jesus das feste Versprechen gab, ihm nie etwas zu verweigern. Am 16. August 1948 liess sie sich die weiss-blauen Sari segnen, wie sie die ärmsten Frauen in Indien tragen, und verliess das Lorettokloster, um einige Monate eine Pflegeausbildung in Patna zu absolvieren. Fortan war dies ihr offizielles Ordensgewand. Dann, am 21. Dezember 1948, ging Mutter Teresa zum ersten Mal als «Missionary of charity», als Missionarin der Nächstenliebe in die Slums. Von diesem Moment an begleitete Mutter Teresa eine bedrückende Dunkelheit, die mit wenigen, kurzen Ausnahmen fünfzig Jahre lang bis zu ihrem Tod anhielt.

Kannst du etwas zu dieser Dunkelheit sagen?

Diese Nacht der Seele ist ein Phänomen und Geheimnis, das im spirituellen Leben sehr wohl bekannt ist und viele Menschen erleiden, die mit der Nachfolge Christi ernst machen. Viele grosse Heilige haben sie erfahren. Das Besondere an

---

[15] Kolodiejchuk, Mutter Teresa, S. 53–68.

Mutter Teresa ist, dass sie dieses Leiden der dunklen Nacht so lange ohne Tröstung durchmachte. Nach den Visionen war für sie klar, dass es ihr Platz und ihre Berufung war, unter dem Kreuz Jesu zu sein. Zusammen mit der Muttergottes wollte sie inmitten der Ärmsten der Armen sein, ihnen dienen und so in ihnen den Durst Jesu nach Liebe stillen. Das Wort «Mich dürstest» wurde für sie lebendige Wirklichkeit, und damit verbunden das Wort Jesu: «Was ihr einem meiner geringsten Brüder und einer meiner geringsten Schwestern getan habt, das habt ihr mir getan» (Mt 25,40). Mutter Teresa erlebte die Nacht der Seele zum Teil auch schon als Nonne im Lorettokloster, wo sie als Lehrerin tätig war. Nun aber, in den Slums, wurde diese Nacht zur ständigen Begleiterin. Das ist qualvoll und hat nichts mit einer Depression zu tun, denn die betroffene Seele sehnt sich nach Gott und seiner Liebe, kann diese aber nicht mehr spüren. Mutter Teresa beschreibt die Erfahrung so: «Das Grösste und Schwerste, was ich zu ertragen habe, ist diese furchtbare Sehnsucht nach Gott.»[16] Die Nacht der Seele ist vielleicht vergleichbar mit dem Leiden zweier Verliebten, die nicht zueinander finden können. Die Trennung der Verliebten voneinander spiegelt im Grunde genommen wider, was Jesus mit seinem letzten Wort am Kreuz ausdrückt. «Mich dürstet» bedeutet: Ich sehne mich nach der Liebe meiner Geschöpfe.»[17] Auf diese Weise bindet sich Jesus an eine Seele, um ganz in ihr und durch sie zu wirken. Mutter Teresa spürte nur Dunkelheit. Aber sie war so hingegeben an Gottes Willen, dass Gott in ihr sein Licht ausstrahlte. Sie selbst merkte es nicht, aber die anderen um sie herum nahmen es so wahr. Sie lächelte, um sich nichts anmerken zu lassen, aber innerlich litt sie Qualen. Mit zunehmendem Alter konnte sie diese schmerzvolle Nacht akzeptieren und bereitwillig annehmen.

---

[16] Kolodiejchuk, Mutter Teresa, S. 285.
[17] Maasburg, Die falsche Rede von den Glaubenszweifeln.

Viele Menschen werden Mühe haben, diese mystische Nacht von Mutter Teresa zu verstehen. Wie erklärst du das? Warum leiden Menschen so an Gott?

Es ist ein mystisches Phänomen. Mit dem Verstand kann man das nicht erfassen und aus psychologischer Sicht auch nicht erklären. Anscheinend erwählt Gott immer wieder Seelen, die ganz mit ihm vereint sein sollen, die so teilnehmen an seinem erlösenden Leiden und dadurch sein Licht ausstrahlen und auf besondere Weise fruchtbar wirken. Mutter Teresa teilte das Leiden Jesu am Kreuz und bewirkte durch ihre Ausstrahlung, Menschen zu Gott zu ziehen.

Mit der Priesterbewegung besuchten wir den Slum in Kalkutta, in dem Mutter Teresa ihre Arbeit als Missionarin der Nächstenliebe begonnen hatte. Eine Frau, die sie dort als Mädchen erlebte, bezeugte, dass sie für alle wie die Mutter Gottes war, wenn sie die Armen aufsuchte. Sie verbreitete Gottes Licht. Ein Priester erzählte mir, dass er mit Mutter Teresa auf einer Flugreise war. Als sie aufstand und die Passagiere, meistens Geschäftsleute, bemerkten, dass es Mutter Teresa war, hatten viele vor Betroffenheit Tränen in den Augen. Wir sehen hier die Kraft der Heiligkeit, ausgestrahlt durch die Vereinigung eines Menschen mit Gott, der ganz durchlässig ist für seine Gegenwart und sein Licht. Die grössten Reformen in der Kirche und die tiefste Erneuerung im Glauben sind durch Menschen geschehen, die so innig vereint mit Jesus waren wie Mutter Teresa.

Was kann uns Christinnen und Christen das sagen? Können wir daraus für unser persönliches Leben lernen? Welche Bedeutung hat Mutter Teresa für die Kirche als Ganzes?

Wir können ganz viel lernen. Mutter Teresa zeigt uns, was es braucht, damit neue Fruchtbarkeit entsteht – wie der Baum am Wasser. Verschiedene Aspekte in ihrer Spiritualität können uns weiterbringen. Betrachten wir noch einmal die Nacht der Seele und die Dunkelheit. Mutter Teresa sagte: «Wenn ich jemals eine Heilige werde – dann ganz gewiss eine ‹Heilige der Dunkelheit›. Ich werde fortwährend im Himmel fehlen – um jenen ein Licht zu entzünden, die auf Erden in Dunkelheit leben.»[18] Mutter Teresa stellte sich den Himmel als neue Möglichkeit vor, Gottes Liebe zu den Menschen zu bringen: jedes «dunkle Loch» zu erreichen und das Licht von Gottes Liebe dorthin zu tragen.

Der Theologe Tomas Halik beschreibt zwei Arten von Atheismus, die wir heute vorfinden: Zum einen den vulgären Atheismus, ein grober Materialismus oder wissenschaftlicher Atheismus, der gedanklicher Kitsch sei und dem religiösen Fundamentalismus ähnle. Zum anderen den existenziellen, tragischen Atheismus des Protestes und des Schmerzes. Diesen Atheismus soll man wertschätzen. Die «Welt des lebendigen Glaubens» berge auch «das Geheimnis der bitteren Nacht des Lebens, die Konfrontation mit dem Nichts und den Wettkampf mit der Versuchung des Nihilismus und der Absurdität»; ein reifer Glaube sei in der Lage, «diese schmerzhaften Erfahrungen zu umarmen und somit diese Art des Atheismus zu integrieren». Und: «Was wäre der Glaube ohne die Erfahrung der ‹dunklen Nacht der Seele›, von der die grossen Mystiker geschrieben

---

[18] Kolodiejchuk, Mutter Teresa, S. 268.

haben?»[19] Viele Menschen können heute nicht mehr glauben. Die Kirche kann nicht mehr einfach Dogmen verkünden, an die man zu glauben hat. Der Mensch des 21. Jahrhunderts sucht sich seinen eigenen Weg, muss seine eigenen Antworten auf die Nöte und Dunkelheiten des Lebens finden. Gott ist für viele abwesend.

Mutter Teresa hat die Erfahrung der Abwesenheit Gottes auf eine positive Weise mit dem Glauben und im Vertrauen auf Gott getragen. Sie zeigt uns einen Weg der Mystik, den die Kirche auch zu gehen hat. Die Kirche hat keine fertigen Antworten mehr. Sie muss sich dem Dunkel stellen, das Nichts aushalten und die Gottferne mit den Menschen teilen. Mutter Teresa ist hinabgestiegen in die Abgründe des Leids und in die Dunkelheit. «Das bedeutet auch, den Grund zu berühren, konfrontiert zu werden mit dem Nichts, mit dem nächtlichen und tragischen Gesicht der menschlichen Existenz, mit der Vergänglichkeit. Es bedeutet, sich von Illusionen zu befreien.»[20] So gesehen ist Mutter Teresa als «Heilige der Dunkelheit» ein Wegweiser für eine glaubwürdige Kirche, die nicht nur nahe bei den Menschen ist, sondern auch existenzielle Dunkelheiten mit ihnen teilt. Gerade so lässt sie das Licht Gottes aufscheinen.

Diese Ausführungen zur Erfahrung der mystischen Nacht und der scheinbaren Gottferne sind spannend: ein Versuch, das Phänomen intellektuell zu erklären. Aber was hat das mit den Armen, den Leidenden zu tun?

Sie sind der offensichtlichste Bezug im Leben von Mutter Teresa. Gleichzeitig sind sie mit Jesus in der Eucharistie zu sehen. «Ihre tiefe eucharistische Spiritualität war so mystisch,

---

[19] Halik, Die Zeit der leeren Kirchen, S. 33 f.
[20] Ebd., S. 36.

wie sie praxisnah war. Sie glaubte, dass unser Leben mit der Eucharistie verwoben sein muss.»[21] Christus in der heiligen Kommunion in der Gestalt von Brot und Christus im Armen in der Gestalt von Fleisch und Blut – das war für sie lebendige Wirklichkeit, derselbe Christus. Deshalb waren die Messe und die eucharistische Anbetung für Mutter Teresa jeweils die wertvollsten Momente des Tages. Wenn Besucher in die Sterbehäuser kamen, war Mutter Teresa zu Beginn immer etwas unruhig, bis zu dem Moment, wenn die Gäste etwas Konkretes für die Armen tun konnten. Dann war sie zufrieden, weil das für sie der Moment war, in dem die Besucher durch den Kontakt mit den Armen in Kontakt mit Jesus kamen.

In den ersten Jahrhunderten nach Christus begegnet uns bei den Kirchenvätern das, was Mutter Teresa gelehrt und gelebt hat. Einer von ihnen, Johannes Chrysostomos (+407), sagte: «Willst du den Leib Christi ehren? Dann übersieh nicht, dass dieser Leib nackt ist. Ehre den Herrn nicht im Haus der Kirche mit seidenen Gewändern, während du ihn draussen übersiehst, wo er unter Kälte und Blösse leidet. Derjenige nämlich, der gesagt hat: ‹Das ist mein Leib› (Mt 26,26), hat auch gesagt: […] ‹Was ihr für einen dieser Geringsten nicht getan habt, das habt ihr auch mir nicht getan› (Mt 25,42–45).»[22] Mutter Teresa hat wie keine Heilige zuvor diese Wirklichkeit, wie sie die Kirchenväter beschrieben haben, in der heutigen Zeit auf konsequente Weise umgesetzt und gelebt. Sie zeigt uns heute einen Weg, den ungebrochenen Kontakt mit Jesus zu leben – im Brot des Lebens in der hl. Messe und im Hunger der Armen. Sie hat uns gezeigt, wie wir die Eucharistie «leben» sollen. Mutter Teresa bringt uns wieder ins Bewusstsein, was viele vergessen haben: die Verbindung der Eucharistie mit den Armen.

---

[21] Kolodiejchuk, Mutter Teresa, S. 328.
[22] Chrysostomos, Homilia in Matthaeum, S. 508 f.

Mutter Teresa sieht in den Armen also Christus.
Denkst du, dass wir in der Kirche die Armen wirklich vergessen haben?

Ja. Wir tun als Kirche zwar einiges für die Armen: Wir schaffen Fachstellen für Diakonie, stellen in den Kirchgemeinden Sozialarbeiterinnen an, lancieren diakonische Projekte. Das ist alles unterstützenswert. Es braucht für den Umgang mit den Armen auch Fachleute. Aber als Christinnen und Christen haben wir alle die Aufgabe, uns den Armen zuzuwenden. Wir können das nicht delegieren und einwenden, wir seien dazu nicht geschult. Wenn ich von benachteiligten Menschen höre, was sie alles auf den Sozialämtern erleben, wie sie herumgeschoben werden von einer Stelle zur nächsten, da muss ich mich doch fragen: Gehen die Armen in unserer Gesellschaft nicht vergessen? Und in der Kirche? Wo ist das echte Mitfühlen, Mitleiden und Mitgehen? Das ist ein Ruf an uns alle! Uns Christen sollte man es anmerken, dass wir mit oder ohne fachliche Kompetenz die Armen lieben und sie in unserer Mitte einen Platz haben. Wenn die katholische Kirche wieder glaubwürdig werden will, muss sie im Sinne von Mutter Teresa lernen, eucharistisch zu leben, Jesus in der Begegnung mit den Armen selbst zu begegnen. Die Armen sollten einen Ehrenplatz haben in der Kirche. Das ist übrigens das Ziel für die Kirche von Papst Franziskus. Am Beginn seines Pontifikats sagte er: «Ich möchte eine arme Kirche und eine Kirche für die Armen.»[23] Bei uns ist die Armut nicht so offen sichtbar wie in Indien. Sie ist verborgen, zeigt sich in anderen Formen, zum Beispiel in den vielen Suiziden. Echtes Mitfühlen und Mitgehen, weil Jesus im Nächsten gegenwärtig ist, das ist, was uns Mutter Teresa immer in Erinnerung ruft.

---

[23] Zeit.de, Papst will eine «arme Kirche für die Armen».

Mutter Teresa hatte eine ganz innige Beziehung zur Muttergottes. Welche Rolle spielt sie im Werk der Nächstenliebe von Mutter Teresa?

Wenn wir sehen, wie Mutter Teresa die Beziehung zur Muttergottes lebte, kann sie uns Impulse geben für eine echte, geerdete Marienverehrung. Diese scheint heute immer unbedeutender zu werden. Oder sie ist so sentimental und abgehoben, das sie abstösst statt einlädt. In den Visionen von Mutter Teresa haben wir gesehen, welch wichtige Rolle die Muttergottes einnimmt. Und so hat sie einen ganz zentralen Stellenwert im Leben dieser Heiligen. Ohne Maria hätte Mutter Teresa nicht unter dem Kreuz bleiben können. Die Not war so gross, ohne Maria wäre es für sie unerträglich gewesen. Mutter Teresas Apostolat für die Ärmsten ist also nicht ohne die Muttergottes zu denken. Deshalb richtete sie die meisten selber formulierten Gebete an Maria. Den Rosenkranz in der Hand zu haben bedeutete für sie, der Muttergottes die Hand zu geben. Mutter Teresa hatte eine ganz konkrete, lebendige und natürliche Beziehung zur Muttergottes und zu ihrem Herzen, zu dem sie immer Zuflucht nahm. Auch in dieser Hinsicht, in ihrer Beziehung zur Muttergottes, ist sie für mich ein grosses Vorbild.

Inkarnierte Spiritualität

Im Hinblick auf die Mystikerin Mutter Teresa:
Was ist für dich eine wegweisende Spiritualität in die Zukunft?

Eine inkarnierte Spiritualität. Inkarnation meint Menschwerdung Gottes. Im Johannesprolog lesen wir: «Und das Wort ist Fleisch geworden und hat unter uns gewohnt, und wir haben seine Herrlichkeit gesehen, die Herrlichkeit des einzigen Sohnes vom Vater, voll Gnade und Wahrheit» (Joh 1,14). Das Christentum ist die Religion der Menschwerdung Gottes. Eine inkarnierte Spiritualität finden wir ausgeprägt bei den östlichen Kirchenvätern, siehe das Beispiel von Johannes Chrysostomos, bei den Franziskanern und eben bei Mutter Teresa. Sie sagte, dass die Eucharistie und die Armen eins seien. Eine inkarnierte Spiritualität verbindet Gebet und intensives gesellschaftliches Handeln. Der Franziskanerpater Richard Rohr zitiert den wunderbaren Satz, dass «Gott zu uns in der Verkleidung unseres Lebens kommt». Dies sei «für die meisten ‹religiösen› Menschen wohl eine Enttäuschung», weil sie es vorziehen würden, «wenn Gott in ihren Gottesdiensten zu ihnen käme».[24]

Inkarnierte Spiritualität ist also eine sehr konkrete, geerdete Spiritualität?

Auf jeden Fall. Inkarnierte Spiritualität macht ernst mit dem Leben, mit dem Tatsächlichen. «Hinter Abstraktionen können wir uns verstecken, aber die Inkarnation macht uns zu Menschen, die äusserst schutzlos und zugleich ständig angespro-

---

[24] Rohr, Ins Herz geschrieben, S. 33 f.

chen und eingeladen sind.»[25] Die Inkarnation sagt ja zum Leib und zur Materie, zu Welt und Geschichte. Eine rein innerliche, weltferne und leibfeindliche Spiritualität ist ihr fremd. In seinem neusten Buch «Die Zeit der leeren Kirchen» hat Tomas Halik seine Predigten gesammelt, die er 2020 während der Pandemie gehalten hat. Am zweiten Sonntag der Osterzeit begegnet uns im Evangelium der Apostel Thomas, der an der Auferstehung Jesu zweifelt. Haliks Ausführungen beschreiben eindrücklich, was mit inkarnierter Spiritualität gemeint ist. Jesus sagte zu Thomas: «Streck deinen Finger aus – hier sind meine Hände. Streck deine Hand aus und leg sie in meine Seite, und sei nicht ungläubig, sondern gläubig» (Joh 20,27). Mit dem Berühren der Wunden wird Thomas gläubig. «Weil sich Jesus mit allen Kleinen und Leidenden identifizierte – deshalb sind alle schmerzenden Wunden, das ganze Leid der Welt und der Menschheit die ‹Wunden Christi›. An Christus glauben [...] kann ich nur dann, wenn ich diese seine Wunden berühre, von denen unsere Welt auch heute so voll ist. [...] Vielleicht wollte Jesus Thomas, indem er seinen Glauben durch die Berührung der Wunden auferweckte, genau das sagen [...]: Dort, wo du das menschliche Leid berührst – und vielleicht nur dort! –, dort erkennst du, dass ich lebendig bin, dass ich es bin. Du begegnest mir überall dort, wo die Menschen leiden. Weiche mir in keiner dieser Begegnungen aus. Habe keine Angst! Sei nicht ungläubig, sondern glaube!»[26] Es gibt heute viele Menschen, die sagen, wenn man sie auf den Glauben anspricht: «Ich glaube schon an eine höhere Macht, es muss etwas geben.» Das aber ist ein unpersönlicher, für den Menschen eigentlich bedeutungsloser Glaube. Für Blaise Pascal war der Glaube an Gott ein ganz realer und konkreter Glaube. Als ihm die kirchliche Obrigkeit verbot, die Eucharistie zu emp-

---

[25] Ebd., S. 35.
[26] Halik, Die Zeit der leeren Kirchen, S. 148 f.

fangen, weil sie seine Rechtgläubigkeit anzweifelte, begann er in seinem Haus einen Armen und Kranken zu pflegen, damit er auf diese Weise wieder «den Leib Christi empfängt».[27]

Wir haben nun gesehen, dass die Eucharistie und die Armen es sind, die dem Baum Wachstum geben. Jeder Bach oder Fluss entspringt aus einer Quelle. Die Quelle ist ein Bild für Gott. Wir können sie nicht sehen. In der Natur ist sie tief verborgen. Aber wir können uns auf den Weg zur Quelle begeben, uns ihr nähern, damit das Wasser als lebendiges Wasser in uns zu fliessen beginnt. Im nächsten Kapitel möchte ich auf die Eucharistie eingehen und Möglichkeiten aufzeigen, wie das Quellwasser neu freigelegt werden kann.

---

[27] Ebd., S. 149 f.

Lebensbaum – **die Eucharistie** als lebendige Quelle

Die Frau am Jakobsbrunnen

Wir haben bei Mutter Teresa gesehen, wie Gott sich ihr als Dürstender offenbarte. Das geschieht auch bei der Frau am Jakobsbrunnen. Jesus bittet sie in der Mittagshitze um Wasser. Kannst du etwas zu diesem Evangelium sagen?

Die Geschichte von der Begegnung zwischen der Samariterin und Jesus ist eine der schönsten und tiefsten Texte der Bibel. Diese Frau erfährt, was der Prophet Jesaja zuvor ankündigte: «Ihr werdet Wasser schöpfen voll Freude aus den Quellen des Heils» (Jes 12,3). Oder: «Auf, ihr Durstigen, kommt alle zum Wasser, auch wer kein Geld hat, soll kommen» (Jes 55,1). Gott als derjenige, den es dürstet und der uns lebendiges Wasser geben möchte, durchzieht das ganze Johannesevangelium, angefangen bei der Samariterin am Jakobsbrunnen (Joh 4,5–42) bis hin zur grossen Prophezeiung während des Laubhüttenfestes (Joh 7,37–38) und zu seinem Wort am Kreuz: «Mich dürstet» (Joh 19,28). Unzähligen Heiligen, nicht nur Mutter Teresa, hat Gott seinen Liebesdurst offenbart. Im Jahre 1675 hörte Sr. Marguerite-Marie Alacoque Jesus zu ihr sagen: «Mich dürstet! Ich habe einen brennenden Durst, von den Menschen im allerheiligsten Sakrament geliebt zu werden.» Ein wunderbares Geheimnis erschliesst sich uns: Gott dürstet nach unserem Glauben und nach unserer Liebe. Er sehnt sich danach, sein Leben, das lebendige Wasser zu schenken, damit wir selber nie mehr Durst haben müssen. Die Frau am Brunnen sehnt sich nach Glück. Aber sie ist unglücklich, weil sie es auch nach langem Suchen nicht gefunden hat. Sie kommt täglich resigniert zum Brunnen. Ihr Leben ist fade geworden und langweilig. Erst die Begegnung mit Jesus verändert alles, so dass sie den Krug stehen lässt und den anderen von dieser Begegnung erzählen muss. Sie empfängt von Jesus das Wasser, das in ihr zur lebendigen Quelle wird. Eucharistie ist Quelle der göttlichen Liebe, die unaufhörlich Wasser spendet.

Kann es sein, dass viele Menschen heute in den östlichen Religionen nach einer solchen Erfahrung suchen, wie sie die Frau am Jakobsbrunnen gemacht hat?

Der Buddhismus lädt zu einem inneren Weg ein, den wir im Christentum zu lange vernachlässigt haben. Teresa von Avila, die grosse Mystikerin des 15. Jahrhunderts, erzählt in ihrer Autobiografie, wie sie lange Zeit mit Gebeten und frommen Übungen zugebracht hatte, bis sie zum inneren Gebet fand, das zur Erfahrung des lebendigen Wassers in ihr wurde. Es kommt mir vor, als ob wir auf dem Brunnenrand sitzen blieben und so das Eigentliche, das lebendige Wasser im Brunnen, kaum berührten. Der heutige Mensch kann mit theoretischen Glaubenssätzen und Dogmen nicht viel anfangen. Er sehnt sich nach Erfahrung und erwartet, dass Theologen fähig sind, die Lehre des Evangeliums mit «Schöpfgefässen» des kontemplativen Betens zu vermitteln. Es gibt viele Menschen, die einen solchen inneren Weg der Kontemplation gehen. Wenn sie ihn in ihrer eigenen Religion nicht finden, ist es naheliegend, dorthin zu gehen, wo er angeboten wird. Der evangelische Theologe und Mystiker Jörg Zink sagt es so: «Unser landläufiges Christentum krankt an einem Mangel an gegenwärtiger Erfahrung, und nichts ist so dringend wie dies, dass wir die Quelle der eigenen religiösen Erfahrung finden und öffnen.»[28] Und Thomas Keating, ebenfalls ein grossartiger zeitgenössischer Mystiker: «Der Massenaufbruch nach dem Osten ist ein Symptom für das, was dem Westen fehlt. Es ist ein tiefer

---

[28] Zink, Dornen können Rosen tragen, S. 26.

Hunger nach geistlichen Werten vorhanden, der im Westen nicht gestillt wird.»[29]

Was muss unsere Kirche tun, dass Gläubige wieder zu dieser Erfahrung, zur Quelle des lebendigen Wassers finden?

Die Quelle der Eucharistie wieder zugänglich machen und die Menschen zu dieser Quelle führen. Sie muss Schöpfgefässe zur Verfügung stellen und den Menschen helfen, diese zu gebrauchen, damit sie zum lebendigen Wasser gelangen können. Andernfalls bleiben sie an der Oberfläche. Sie betrachten von aussen den alten Brunnen, haben aber keine Ahnung, was er ihnen schenken kann. Mit Schöpfgefässen meine ich Gefässe, die helfen, zur Tiefe des Brunnens im eigenen Inneren zu gelangen. Auf solche Schöpfgefässe, die ich in meiner pastoralen Tätigkeit einzusetzen versuche, komme ich noch zu sprechen.

---

[29] Keating, Das Gebet der Sammlung, S. 174.

Die beiden Jünger auf dem Weg nach Emmaus

Kannst du das im Zusammenhang mit der Eucharistie konkreter veranschaulichen?

Die Erzählung über die zwei Jünger auf dem Weg nach Emmaus ist dazu geeignet. In ihr sehen wir, was Kirche im Tiefsten ausmacht und wie die beiden Jünger zur Erfahrung des lebendigen Quellwassers gelangen. Es ist mein Lieblingsevangelium. Die beiden Jünger sind nach dem schrecklichen Tod von Jesus am Kreuz orientierungslos. Wie soll es weitergehen? Sie machen sich zusammen auf den Weg und unterhalten sich über das, was sich ereignet hat. Jesus gesellt sich unerkannt zu ihnen und «legte ihnen dar, ausgehend von Mose und allen Propheten, was in der gesamten Schrift über ihn geschrieben steht» (Lk 24,27). Als sie das Dorf erreichen, will Jesus weitergehen. Sie drängen ihn zu bleiben, weil es schon spät ist. So bleibt er bei ihnen. Und als sie zu Tisch sitzen, nimmt er das Brot und spricht den Lobpreis. «Da gingen ihnen die Augen auf, und sie erkannten ihn; dann sahen sie ihn nicht mehr. Und sie sagten zueinander: Brannte uns nicht das Herz in der Brust, als er unterwegs mit uns redete und uns den Sinn der Schrift erschloss?» (Lk 24,31–32). Wie die Frau am Jakobsbrunnen brechen auch die beiden Jünger auf und erzählen den anderen, was sie erlebt haben und wie sie ihn erkannten, als er das Brot mit ihnen brach.

Was macht die beiden Jünger sehend?

Zuerst bilden sie eine Gemeinschaft auf dem Weg. Sie haben Fragen und tauschen aus, was sie bewegt. So bringen sie ihr Leben vor Gott. Jesus gesellt sich zu ihnen. Das erinnert uns an das Wort Jesu: «Wo zwei oder drei in meinem Namen versammelt sind, da bin ich mitten unter ihnen» (Mt 18,20). Kirche ist Weggemeinschaft. Wir sind gemeinsam mit Christus auf dem Weg. Viele Menschen gerade im mittleren Alter vermissen diese tiefere Art der Gemeinschaft in unseren Landeskirchen. Eine solche Gemeinschaft hilft uns, Gott in unserem Leben zu entdecken und unser Leben aus dem Glauben zu deuten. Die Emmaus-Jünger erkennen plötzlich die Verbindung zwischen dem Wort Gottes und ihrer persönlichen Lebenssituation. Als sie das realisierten, brannte es in ihrem Herzen. Sie waren nicht mehr allein. Sie sahen ihr Leben und ihre Fragen in einem grösseren Zusammenhang, aus der Sicht des Glaubens. Ihnen wurde bewusst, dass Jesus als der Auferstandene immer mit ihnen gehen würde. Diesen Glauben feiern wir in der Eucharistie als «Quelle und Höhepunkt des ganzen christlichen Lebens» (Vaticanum II, Lumen gentium). In der sakramentalen Gegenwart gibt sich Jesus den Jüngern von Emmaus innerlich zu erkennen und öffnet ihnen die Augen. Die Eucharistie, die reale sakramentale Gegenwart Christi, verwandelt sie zu neuen Menschen, macht sie zu eigentlichen Christen.

«Die Eucharistie ist Quelle und Höhepunkt des christlichen Lebens»: Was bedeutet diese vielzitierte Aussage des Konzils konkret für unser christliches Leben?

Die Eucharistie ist Quelle und Höhepunkt, weil sich da Christus in geheimnisvoller Art vergegenwärtigt und sich uns mit Fleisch und Blut verschenkt in der Gestalt von Brot und Wein.

Die Eucharistie, vom griechischen Wort «Danksagung» stammend, ist auf besondere Weise Sakrament der Inkarnation. Im alltäglichen, unscheinbaren Brot schenkt sich uns Jesus Christus. Der Gekreuzigte und Auferstandene ist als verklärter Christus gegenwärtig in diesem Brot. «Der Blick auf die Hostie, die ja gestalthaft das bleibt, was sie ist, nämlich Materie, besagt, dass wir Gott nicht ‹draussen› (oder getrennt von uns) suchen müssen, sondern ihm im Inneren unserer Lebenswelt begegnen können.»[30] Das ist es, was die Emmaus-Jünger erfahren haben. Die Wandlung von Brot und Wein lädt uns ein, in einen Wandlungsprozess einzutreten, damit Christus selber in uns Gestalt annimmt. «Nicht mehr ich lebe, sondern Christus lebt in mir» (Gal 2,20), sagt der Mystiker Paulus.

Schöpfgefässe für den eucharistischen Brunnen

Nun bin ich aber gespannt, welche Schöpfgefässe du in deiner pastoralen Arbeit brauchst, damit das lebendige Wasser zum Fliessen kommt!

Damit das Geheimnis der Eucharistie in seiner Tiefe als Quelle erfahrbar werden kann, habe ich immer wieder Zeiten der eucharistischen Anbetung angeboten. Viele Menschen können längere Stille aber nur schwer aushalten. Damit sie nicht überfordert sind, brauchen sie eine Anleitung und Hinführung. In

---

[30] Wallner, Sinn und Glück im Glauben, S. 65.

der Pandemie führte ich sogenannte kontemplative Gebetsstunden ein. Während des Lockdowns durften nur fünf Personen anwesend sein. So bot ich wöchentlich in fünf Kirchen eine solche Stunde an. Nach einem Einstieg mit Taizé-Liedern und ein paar Anrufungen gab ich jeweils einen spirituellen Impuls, dann hielten wir 15 bis 20 Minuten Stille. Die Teilnehmenden schätzten dieses Angebot sehr und führten es auch nach meinem Weggang weiter. Hier das Zeugnis einer jüngeren Frau: «Ich möchte mich nochmals herzlich bedanken. Ich hoffe, du spürst, wie dankbar wir fünf sind für diese Anbetung, für die Gemeinschaft, die wir zusammen haben, das gemeinsame Unterwegssein und das gemeinsame Beten. Mich stärkt es ungemein und es ist mir sehr viel wert. Und dieser Impuls von heute Morgen hat mich sehr berührt und mir gutgetan. Ich könnte niemals sein ohne die Eucharistiefeier, aber ich muss zugeben, dass diese Andachten zu fünft viel tiefer in die Seele gehen, als wenn man einsam unter vielen Leuten Eucharistie feiert. Man sollte diese Gemeinschaft, die wir fünf jetzt untereinander haben, wieder mehr spüren lernen mit allen zusammen in der Kirche, damit wir ‹lebendiger› werden.»

Was da geschieht, ist genau das, was die Emmaus-Jünger erfahren haben. Es entsteht Gemeinschaft und vor allem spürbare Wandlung! In der Stille, im Anbeten – eigentlich beten wir ja Christus nicht nur in der Hostie, sondern auch in uns an – geschieht Wandlung und echte Gemeinschaft, lebendige Kirche. Das ist eine der vielversprechendsten und wirkungsvollsten Quellen für das Wachstum. In jeder Pfarrei und erst recht in jedem Pastoralraum müssten solche Gelegenheiten geschaffen werden, mit Vorteil in Verbindung mit spirituellen Impulsen aus dem Evangelium oder zu bestimmten Themen, die die Menschen nähren. Es müssen neue Räume geschaffen werden, damit Menschen in das grossartige Geheimnis der

Eucharistie eintauchen können. Das Schöpfgefäss besteht darin, den Menschen zu ermöglichen, dass sie Zugang zum kontemplativen Gebet finden.

Aber nicht alle Menschen sind so offen und ansprechbar, wie du das bei den kontemplativen Gebetsstunden erlebtest. Welche Schöpfgefässe wären bei diesen Menschen hilfreich?

Das ist richtig. Eine sorgfältig gefeierte Eucharistie und ein würdiger Umgang mit dem Sakrament sind entscheidend. Auch gute Predigten und Erstkommunionvorbereitungen unter Einbezug der Eltern sind wichtig. Für Menschen, die keinen oder noch keinen Zugang zum stillen Gebet und zur Anbetung haben, nutze ich die Herz-Jesu-Freitage unter dem Motto «Bring deine Herzensanliegen – Empfang seinen Herzensfrieden!». Vor dem Altar steht eine schöne Ikone, ein Tuch ist über die Altarstufen gelegt. Wir singen meditative Gesänge, zum Beispiel aus Taizé. Ich achte darauf, dass alles in Ruhe und in einer gewissen Stille abläuft. Die Menschen bringen zu Beginn ihre Herzensanliegen mit Kerzen vor die Ikone und den Altar. Am Schluss halten wir in Form einer etwas verlängerten Danksagung noch einen Moment stille eucharistische Anbetung. Ein Gebet hilft, in die Stille zu gelangen. Die Feier darf nicht zu lange dauern, weil sie einige sonst überfordern könnte. In diese Gottesdienste kommen auch Menschen, die die Jahresgedächtnisse für ihre verstorbenen Familienangehörigen mitfeiern und meist selten die Kirche aufsuchen. Die Reaktionen sind sehr positiv. Ausserdem biete ich an jedem Freitag vor der Messe von 16 bis 18 Uhr eine eucharistische Anbetung in Stille an. Von 16.30 bis 17.45 ist dann auch Beichtgelegenheit.

Du wählst also bewusst Schöpfgefässe, die die Verinnerlichung des Glaubens zum Ziel haben?

Ja, es ist wichtig, dass das lebendige Wasser im Innern jedes Einzelnen zu fliessen beginnt. Echte Begegnung mit Gott, der lebendigen Quelle, führt aber immer zum Nächsten. Jede Spiritualität muss dahingehend überprüft werden. Wenn die innere Quelle nicht nach aussen zum Mitmenschen fliesst, versiegt sie. Wasser will und muss fliessen, es hat keinen Selbstzweck. Wir haben das bei Mutter Teresa gesehen. Den Liebesdurst Jesu stillen wir, indem wir die Anbetung und die Eucharistie, den Gottesdienst, in unserem Alltag fortsetzen und unseren Nächsten dienen. In meiner pastoralen Tätigkeit orientiere ich mich immer wieder an den Texten über die Frau am Jakobsbrunnen und die beiden Jünger auf dem Weg nach Emmaus. Diese beiden Evangelien laden in besonderer Weise ein, eine mystagogische Seelsorge und Pastoral zu praktizieren. Das ist heute dringender denn je.

Mystagogische Seelsorge als Hinführung in die Geheimnisse

Was ist mit mystagogischer Seelsorge gemeint?

Es ist bisweilen schwierig und frustrierend, in bestimmten Situationen Eucharistie zu feiern und zu spüren, dass die Menschen dazu keinen Zugang mehr haben. Viele verstehen das Geheimnis nicht mehr, das wir feiern. Die Eucharistie ist für sie kein Lebensbaum, sondern eher ein alter, abgestorbener Baum, der einfach noch dasteht, aber ohne Leben ist. Sie können ihn nicht als Lebensbaum erfahren, der ihnen Kraft und Schatten für ihren Alltag gibt. Was Mystagogie ist, haben wir in den Evangelien von der Frau am Jakobsbrunnen und den Emmaus-Jüngern sehr schön gesehen. Jesus zeigt uns als Mystagoge, wie wir mystagogische Pastoral ausüben sollen. Er nimmt die Geschichte der Menschen mit ihren Freuden, Leiden und Sehnsüchten ernst. Er geht auf sie ein. Er kommt mit ihnen ins Gespräch. Durch dieses erläuternde Gespräch und die einfühlsame Begleitung erkennt die Frau am Jakobsbrunnen und erfahren die Emmaus-Jünger, dass Gott schon immer da war in ihrem Leben. Sie finden Antworten auf ihre Fragen. «Mystagogische Pastoral und Jugendarbeit ist Geleit in die Geheimnisse oder Begleitung auf dem Weg des Glaubens-Lernens [...], die davon ausgeht, dass Gott selbst durch seinen Geist in jedem Menschen wirkt und lebendig ist, dass es Gott selbst ist, der jedem Menschen entgegenkommt und ihn zu einem ‹Leben in Fülle› (Joh 10,10) führen will.»[31] Der Theologe Mariano Delgado sagt es auf sehr schöne Weise: «Die

---

[31] Lexikon für Theologie und Kirche, 7, S. 571.

erste Aufgabe der mystagogischen Seelsorge ist die ‹Erfahrungs-Amnese›. Das heisst die Gotteserfahrung geduldig auszugraben, die in die Biografie eines jeden Menschen – in seine Alltagserfahrungen, in seine Hoffnungs- und Leidensgeschichte – tief eingegraben ist.»[32]

Wie könnte eine solche mystagogische Seelsorge für Jugendliche aussehen, so dass sie wieder einen Zugang zum Geheimnis der Eucharistie finden können?

Ausgehend vom Evangelium über die Emmaus-Jünger habe ich mit Jugendlichen eine Veranstaltung ausgearbeitet. Es ist ein Versuch einer mystagogischen Jugendpastoral, die – kurz beschrieben – folgendermassen aussehen kann: Nachdem die Jugendlichen die Emmaus-Geschichte kennengelernt haben, ziehen sie einen Zettel mit einem Vers daraus. Jede und jeder betrachtet einen Moment für sich die Bibelstelle und überlegt sich, was sie für sie/ihn bedeuten könnte. Nun gehen die Jugendlichen zu zweit als Emmaus-Jünger auf einen Spaziergang und nehmen folgende Fragen mit: Was freut mich momentan? Was bereitet mir Sorgen? Noch unterwegs wird dem anderen die gezogene Bibelstelle vorgelesen. Was könnte Gott mir in meiner Lebenssituation sagen? Beide tauschen sich über die zwei Bibelstellen aus und über das, was sie momentan in ihrem Alltag beschäftigt. Dann findet in der Grossgruppe ein Austausch statt und alle, die wollen, können den anderen etwas über ihren Emmaus-Gang mitteilen. Die Fragen lauten etwa: Worüber habt ihr gesprochen? Wer mag sein Bibelwort vorlesen? Auf welche Lebenssituation hast du das Emmaus-Wort bezogen? Möchtest du sie uns mitteilen? Wer hat schon erlebt, dass Jesus mit ihm unterwegs ist? Hat jemand ein An-

---

[32] Delgado, Kleine Ermutigung zur mystagogischen Seelsorge.

liegen, für das wir jetzt miteinander beten könnten? Die Bitten und Anliegen können auf Zettel geschrieben und in eine Schale gelegt werden. Dann gehen wir in Stille mit dieser Schale und der Heiligen Schrift in die Kirche. Bibel und Schale werden auf den Altar gestellt. Es werden Kerzen angezündet. Dann wird das Allerheiligste, die geweihte Hostie in der Monstranz, aus dem Tabernakel geholt und in die Mitte der Kerzen gestellt. Es folgt eine Zeit der Anbetung mit Taizé-Liedern, die Jugendlichen können ein Anliegen nennen und es symbolisch mit einer Kerze zu Jesus bringen. Nun wird eine passende Bibelstelle vorgelesen und in einem Moment der Stille darüber meditiert. Es gibt dann die Möglichkeit, ein Dankgebet zu sprechen. Der Abschluss erfolgt mit dem gemeinsam gebeteten Vaterunser und dem Segen. Die Jugendlichen werden entlassen mit der Einladung: Wie kann ich in den nächsten Tagen «Love in Action» durch eine konkrete Tat der Nächstenliebe umsetzen? Eine solche Veranstaltung kann für ältere Firmlinge angeboten werden. Wenn sie sorgfältig vorbereitet ist, kann sie gelingen.

Im nächsten Kapitel möchte ich auf persönliche Erlebnisse in unserer Kirche eingehen, die – wie ich glaube – den Baum beim Wachsen behindern. Ich denke, dass der Zugang zur lebendigen Quelle in unserer Kirche oft erschwert wird. Meist ist das den Verantwortlichen gar nicht bewusst.

Der Baum wird am
**Wachsen behindert
und stirbt** ab

Eine pastorale Idee – Projekt für Laien, die Gottesdienste feiern

Wir haben schon viel über kirchliche Mitarbeitende gesprochen. Wie steht es mit den Laien? Wie können Frauen und Männer im freiwilligen Engagement das kirchliche Leben bereichern?

Zu diesem Thema habe ich ein Projekt gestartet. Es soll Laien helfen, ohne grossen Aufwand und längerfristig an ihrem Ort selbständig Gottesdienste feiern zu können. Leider konnten wir es aus verschiedenen Gründen nicht oder nur teilweise durchführen. Die Zeit scheint noch nicht überall reif zu sein. Wenn solche Initiativen aber behindert werden oder grundsätzlich nicht möglich sind, ist in unserer Kirche, so scheint mir, schon einiges abgestorben, um im Bild des Baumes zu bleiben.

Warum sollte ein solches Projekt behindert werden? Es entlastet doch die hauptamtlichen Seelsorgerinnen und Seelsorger?

Vielleicht ist Angst im Spiel: bei den Seelsorgerinnen und Seelsorgern, dass die Laien ihnen etwas wegnehmen könnten; bei den Bistumsleitungen, dass etwas geschieht, über das man keine Kontrolle mehr hat. Ich wollte den Laien ein Instrument in die Hand geben, das klar aufgebaut und liturgisch sorgfältig ausgearbeitet ist. Ich liess mich von meinem geistlichen Begleiter beraten, einem Mönch aus dem Zisterzienserorden. Dann legte ich das Projekt meinem damaligen Bischof vor. Er segnete es ab und begrüsste meine Initiative. Bald darauf wechselte die Bistumsleitung – und dann war die Initiative nicht mehr erwünscht. Offenbar ist der Druck noch zu wenig gross und die Hauptamtlichen können immer noch ein reichhaltiges Angebot an Gottesdiensten abdecken. Wenn wir aber noch lange zuwarten mit solchen Initiativen, sind wir plötzlich zu spät und verpassen den Zug. Genau das erlebte ich in Korsika.

Kannst du dein liturgisches Projekt kurz vorstellen?

Ich liess mich von der Spiritualität von Mutter Teresa inspirieren und erstellte eine Mappe zur Gestaltung und Durchführung einfacher Gottesdienste mit dem Titel «Eucharistische Andacht. Mich dürstet – wir stillen den Liebesdurst Jesu». In dieser Mappe befinden sich einleitende Erklärungen, ein laminiertes Blatt mit Informationen zum Gottesdienstablauf und zwei Hefte mit einer umfangreichen Gebets- und Liedersammlung. Der Ablauf ist mit Fussnoten versehen, in denen einiges noch genauer erläutert wird. An bestimmten Stellen ist vermerkt, dass ein Gebet oder ein Lied eingefügt werden kann. Es gibt keine Kommunionausteilung. Die Andacht, die nicht länger als 40 Minuten dauern soll, besteht aus vier Hauptteilen: Einstieg, Hören auf das Evangelium, Zeit der Stille und Abschluss, wo auch Fürbitten und persönliche Anliegen ausgesprochen werden können. Die Person, die die Andacht durchführt, hat wenig vorzubereiten: Sie sucht das Evangelium und die Gebete heraus und wählt die Lieder aus. Sind diese nicht im Kirchengesangbuch oder Gotteslob, können sie aus der Liedersammlung herauskopiert werden. So wird Raum geboten, dass Gott durch sein Wort und durch die Stille wirken kann. Es hat mich gefreut, dass eine Diözese sechzig Mappen angefordert hat.

Mission impossible in Korsika

**Du hast vorhin deine Erfahrung in Korsika angesprochen.
Wie bist du nach Korsika gekommen?**

Ich liess die liturgischen Unterlagen ins Französische übersetzen, denn ich wusste, dass im Nachbarland Frankreich viel mehr Bedarf ist. Dort kenne ich Priester, die auf dem Land rund 30 Pfarreien betreuen müssen! Es gibt viele grössere Orte, die zwar keinen Priester haben, aber eine Gruppe von Gläubigen, die in der Lage wären, ab und zu solche Gottesdienste durchzuführen. Im Zusammenhang mit der Priesterbewegung von Mutter Teresa besuchte ich Bischöfe und Generalvikare in französischen Diözesen. Bei solchen Gelegenheiten machte ich auch Werbung für dieses Liturgieprojekt. Es fand überall guten Anklang. Ich meldete mich bei einem Bischof in Frankreich, von dem ich wusste, dass er offen ist für neue Ideen. Er verwies mich auf den Bischof von Korsika. Dieser lud mich ein, ein Jahr lang in seinem Bistum zu wirken und das Liturgieprojekt vorzustellen. Die Idee mit den Andachtsmappen hatte ihn überzeugt. So schlug ich meine Zelte in Korsika auf. Ich bin meinem Bischof sehr dankbar, dass er mir diese Auszeit gewährte.

**Wie ist es dir mit deiner Mission in Korsika ergangen?
Fiel die Saat auf fruchtbareren Boden als in der Schweiz?**

Wie gesagt: In der gut organisierten Kirche Schweiz, in der auch mit neuen Strukturen immer noch der Anspruch nach flächendeckender Versorgung vorherrscht, steht ein solches Projekt quer in der Landschaft. Ich bin aber überzeugt, dass wir heute beginnen müssen, überall Liturgiegruppen zu bilden und die Menschen anzuleiten, dass sie an ihren Orten selbständig Gottesdienst feiern können. Auf Korsika hat man diesen Zeitpunkt verpasst. Es gab mir zu denken, als ich von befreundeten Priestern hörte, dass sie seit Jahren keine Ferien machen, weil sie keine Aushilfen finden. Das zeugt davon, dass wir eine Klerikerkirche geblieben sind und es vergessen haben, Laien anzuleiten und zu befähigen. Ich war also erstaunt, was ich in Korsika antraf. Bereits nach rund drei Wochen musste ich feststellen, dass meine Idee nicht umsetzbar war, weil schlichtweg die Leute fehlten, die solche Gottesdienste hätten durchführen können. Der Säkularisierungsprozess war schon zu weit fortgeschritten. Ich war mir bewusst, dass ich mich auf ein besonderes Abenteuer eingelassen hatte, das schwierig werden könnte. Aber das, was ich antraf, hatte ich so nicht erwartet.

Hat der Bischof von Korsika das nicht voraussehen können?

Er stammte vom Festland und war erst ein Jahr auf der Insel. Hätte er ältere einheimische Priester gefragt, hätten sie ihm gesagt, dass es nicht funktionieren würde.

Was hast du dann getan?

Ich musste fast ein Jahr lang dortbleiben, ohne dass ich das missionarische Apostolat, für das ich angereist war und zu dem ich eingeladen wurde, umsetzen konnte. Nur in zwei Pfarreien konnte ich einen Anlass mit Jugendlichen zur Geschichte der Emmaus-Jünger durchführen. Es blieb mir nichts anderes übrig, als das zu tun, was ich nicht als Hauptaufgabe machen wollte, nämlich in verschiedenen Pfarrkirchen ab und zu die

Messe zu feiern und alte Menschen zu besuchen. Nach drei Monaten Ausharren in einem trostlosen, ausgestorbenen Bergdorf fragte ich den Bischof, ob ich nicht aufs Festland gehen könne zu einem anderen Bischof. Dort würde man vermutlich Gemeinschaften von Gläubigen finden, die ein solches Projekt umsetzen könnten. Aber das erlaubte er mir nicht – Abmachung war Abmachung. Er wollte den Priester behalten, der in einem sonst priesterlosen Gebiet Messen anbieten konnte. Es waren schwere Monate für mich. Ich zog mich regelmässig zum Gebet in die Dorfkirche zurück und feierte die Messe oft auch alleine. Zu den ausgeschriebenen Gottesdiensten am Samstag und Sonntag kamen maximal zehn Personen. In einem Dorf spazierte nach dem Öffnen der Kirche jeweils eine Katze in die Kirche. Als Katzenfreund hätte ich sie während der Messe gerne neben mir gehabt. Aber sie verliess die Kirche schnell wieder – wie ein Tourist. Schade, so hätte ich wenigstens für die Katz gepredigt!

Zwei Einsätze auf Korsika waren möglich, die mich allerdings sehr gefreut haben. Der Bischof lud mich ein, die Einkehrtagungen für seine Priester zu halten, eine im Norden bei Bastia, die andere im Süden in Sartène. Bei den Kapuzinern in Bastia ist ein katholisches Radio installiert. Dort konnte ich während drei Tagen einige Sendungen zu Themen der Spiritualität gestalten. So gab es doch noch interessante Tätigkeiten über das Gewohnte hinaus. Auch einige schöne Begegnungen bleiben mir in guter Erinnerung. Rückblickend sehe ich diese Zeit positiv, ich möchte sie nicht missen. Ich durfte wertvolle Erfahrungen sammeln und erhielt Einblick in die Pastoral auf einer Insel.

Erfahrung von Kirche in einer säkularisierten Gesellschaft

Kannst du uns einige deiner Erfahrungen von der Kirche in Korsika schildern?

Gerne. Zuerst ganz allgemein: Die französische Insel Korsika im Mittelmeer, nördlich von Sardinien, das zu Italien gehört, wird auch «île de beauté» – Insel der Schönheit – genannt. Sie ist wirklich einzigartig schön und zieht heute alljährlich 1,5 bis 2 Millionen Touristen an. Jeder Fleck, vom Meer mit seinen Stränden über die Buchten und Klippen bis zu den höchsten Gipfeln auf fast 3000 m, ist wunderschön. In den vergangenen Jahrzehnten wanderten viele Menschen aus den Bergdörfern in die Städte und viele aufs Festland ab, um dort Arbeit zu finden. Das Inselleben war bis in die Fünfzigerjahre ein Mikrokosmos. Die gesellschaftlichen Veränderungen waren hier viel dramatischer als auf dem Festland. Im Winter kann es sehr trostlos sein auf Korsika. Früher gab es in den Dörfern ein Coiffeurgeschäft, einen Zahnarzt, einen Arzt, mehrere Bars und Restaurants. Heute gibt es im Dorf, wo ich wohnte, nur noch eine Post. Ab und zu kommen kleine Lieferwagen mit Brot und Fleisch. Die Einwohnerinnen und Einwohner holen das Trinkwasser am Brunnen. Das Wasser wird oberhalb des Dorfes in Flaschen abgefüllt.

Erschüttert hat mich die Einsamkeit der alten Menschen. Meine Nachbarin war über 90 Jahre alt, ihre ganze Familie lebte auf dem Festland. So bleiben viele alte Menschen alleine auf der Insel zurück. Diese Frau hatte ab und zu wenigstens noch Besuch von ihren Familienangehörigen. Ich traf kranke und alte Menschen, bei denen nur selten eine Pflegefachperson oder Haushaltshilfe vorbeikam. Das erinnerte mich an das Wort Jesu an Mutter Teresa: «Sei mein Licht, trag mich in die Höhlen der Armen.»

Wie sieht das kirchliche Leben auf Korsika aus?

Die Diözesen Frankreichs sind in fünfzehn Grossregionen, sogenannte Provinzen, eingeteilt. Die Diözese Ajaccio gehört zur Provinz Marseille. Sie ist auf Unterstützung vom Festland angewiesen. Bei der jährlichen Geldsammlung – es gibt ja keine Steuereinnahmen – kommen rund 300 000 Euro zusammen, das entspricht nur etwa einem Euro pro Einwohner! Die Kirche auf Korsika gehört zu den ärmsten Frankreichs. Die Priester stammen inzwischen zur Hälfte aus Polen oder Afrika. Sie können gratis wohnen und die Krankenkasse wird ihnen von der Diözese bezahlt. Als Lohn erhalten sie jedoch keine 1000 Euro. Ein willkommener Zustupf sind Messstipendien von jeweils 20 Euro, die es hie und da gibt. Und wenn um Ostern herum traditionell die Häuser gesegnet werden, können fleissige Priester einige 1000 Euro «sammeln». Der Bischof hat keine Freude daran, dass die meisten Priester dieses Geld für sich behalten und der Diözese nichts abgeben. Aber wie sollen sie sich sonst ein Auto kaufen, das sie für ihre Arbeit in den abgelegenen Dörfern dringend benötigen? Nur mit den Einnahmen aus den Ostersegnungen können sie sich etwas leisten. In den Sakristeien ist zwar alles vorhanden: Messgewänder, liturgische Geräte, Monstranzen usw. Aber gebraucht werden sie kaum noch. Auf dem Pfarreikonto meiner Kirche waren noch etwa 3000 Euro. Seit längerer Zeit läuteten die Glocken nicht mehr. Das störte viele, auch diejenigen, die nicht mehr in die Kirche gingen. Dank dem Maire, dem Gemeindepräsidenten, konnten dann zwei der fünf Glockenmotoren repariert werden, damit wenigstens zwei Glocken wieder läuten konnten. Die politische Gemeinde wäre wegen der Trennung von Kirche und Staat nicht verpflichtet, etwas zu geben. Ich traf aber mehrere Gemeindepräsidenten, die der Kirche wohlgesinnt waren. Sie halfen freiwillig mit finanziellen Zuwendungen, damit ihre Dorfkirchen nicht so schäbig aussahen.

Welch ein Gegensatz zur Kirche bei uns in der Schweiz! Für jedes kleine Kapellchen kann Geld aufgetrieben werden für die Renovation.

Ja, der Gegensatz könnte grösser nicht sein. Es gibt auch bei uns in der Schweiz Kantone, wo Kirche und Staat getrennt sind. Zwischen dem Salär eines Seelsorgers oder einer Seelsorgerin in Genf, Neuenburg oder im Tessin und demjenigen in gewissen Kantonen der Bistümer Basel und Chur, wo das Geld bei den Kirchgemeinden liegt, gibt es auch sehr grosse Unterschiede. Ein Ausgleich, damit alle im Land gleich viel bekommen, wäre meiner Meinung nach überfällig. Wir sind sehr verwöhnt und ich glaube, wir sind uns dessen nicht wirklich bewusst.

Welche Erinnerungen hast du noch an das kirchliche Leben auf Korsika?

Heute gibt es, wie schon gesagt, eine Diözese auf Korsika mit Sitz des Bischofs in Ajaccio. Die Kirche ist in sechs Regionen aufgeteilt. Ich wohnte südlich von Ajaccio im Taravo, dem längsten Tal der Insel. Vom Meer bis zur Wasserscheide in den Bergen braucht man mit dem Auto gegen drei Stunden. Ich wirkte im unteren Teil des Tales und feierte in etwa zehn Dörfern Gottesdienste. Um das am weitesten entfernte Dorf zu erreichen, benötigte ich etwa eine Stunde. Für das ganze Tal gab es nur einen Priester, der schon über 65 Jahre alt war, und zwei Diakone. Auf Korsika, das fast ausschliesslich katholisch ist, existiert die Volkskirche eigentlich nicht mehr. Es gibt noch vereinzelte Traditionen, die aufrechterhalten werden. Zum Beispiel die Patroziniumsgottesdienste, in denen der betreffende Heilige als Statue in einer Prozession um die Kirche getragen wird. Bruderschaften sind für ihre eindrücklichen dreistimmigen Gesänge bekannt. In Städten wie Sartène gibt es auch Karfreitagsprozessionen, die aber mehr einem touristischen Spektakel gleichen. Beliebt ist das Lied «Dio vi Salvi Regina», ein Marienlied, eine Art Nationalhymne, die oft gesungen wird. Das pfarreiliche Leben auf dem Land ist so gut wie ausgestorben. In den Städten und den Orten an der Küste gibt es noch Ansätze von pfarreilichem Leben, im nördlichen Teil der Insel um Bastia noch mehr als um Ajaccio. In Bastia erlebte ich einige Aktivitäten in der Jugendarbeit.

Das tönt trostlos. Wie könnte die Kirche auf Korsika wieder aufleben? Was müsste geschehen?

Ja, es ist wirklich trostlos, vor allem in den vielen Bergdörfern. Mit dem Feiern von Gottesdiensten können noch ein paar wenige vorwiegend ältere Menschen angesprochen werden. Aber ein Neuaufbruch ist so nicht mehr möglich. Es ist ein frustrierendes Treten vor Ort. Obwohl die Situation so ist, setzt man auch in Korsika immer noch auf Priester, die flächendeckend den einzelnen Pfarreien nachgehen sollen. Also macht man weiter, obwohl es so gar nicht mehr geht. Ein mutiges Umdenken wäre nötig, das in folgende Richtung gehen könnte: Regionale Teams aus mehreren Priestern und Diakonen – Pastoralassistentinnen und -assistenten sind mangels Finanzen nicht denkbar – könnten spirituelle und pastorale Zentren bilden, wo Begegnungen für alle Altersgruppen ermöglicht werden könnten. Von hier aus müsste man Laien rekrutieren und befähigen, die in ihren Dörfern versuchen könnten, Kirche vor Ort zu leben. Aber ich frage mich, ob das auf Korsika nicht schon zu spät ist, weil kaum mehr Menschen da sind, die in der Lage wären, eine lebendige Kirche vor Ort aufzubauen. Ich denke, dass Wichtiges versäumt und verpasst wurde.

Kannst du ein konkretes Beispiel schildern?

Ich bin einem Mann und Familienvater begegnet, Mitte 50, der mir erzählte, dass er sich hätte vorstellen können, Diakon zu werden, um nebenberuflich für die Kirche zu wirken. Er hätte aber ein mehrjähriges Studium auf dem Festland absolvieren müssen, was er mit Familie nicht konnte. Die Latte wurde für diesen Mann so hoch angesetzt, dass er aufgab. Er geht der Kirche verloren, und das muss und darf doch nicht sein! Warum kann er nicht von einem Seelsorgeteam ausgebildet und unterstützt werden, damit er in seinem Umfeld als Laienseelsorger diakonisch und liturgisch selbständig wirken kann? Eine zweijährige Ausbildung und Begleitung durch ein solches Team würde genügen.

Im Vergleich dazu sind wir in der Schweiz sicher in einer besseren Lage.

Da bin ich mir nicht so sicher. Natürlich verläuft unsere Säkularisierung und «Entkirchlichung» nicht so schnell und dramatisch, wie das auf Korsika geschieht. Aber wenn wir die Entwicklung bei uns anschauen, die vielen Kirchenaustritte, die grosse Überalterung der Gottesdienstbesucher usw., dann müssen wir doch sagen, dass wir jetzt handeln müssen, um nicht wie auf Korsika vieles zu versäumen. Wir haben in der Schweiz viel Geld und auch immer noch recht viel Personal zur Verfügung. Vieles ist ganz selbstverständlich immer noch möglich. Aber wie lange noch? Die Trennung von Kirche und Staat wird irgendwann kommen. Die Säkularisierung geht langsamer als auf Korsika, aber sie geht in die gleiche Richtung. Auf das, was dringend zu tun ist, damit neues Aufblühen und Wachstum möglich sind, möchte ich im letzten Kapitel näher eingehen. Klar ist: Jetzt müssen die Weichen in die richtige Richtung gestellt werden!

Bischöfe sind auch nur Menschen

Du hast in den letzten Jahren viele Erfahrungen gemacht und Einblicke in kirchliche Situationen in anderen Ländern gewonnen. Wie hast du die Bischöfe erlebt? Was wünscht sich ein Priester von einem Bischof?

Es waren interessante Begegnungen, schöne und weniger schöne. Als Priester wünscht man sich, dass man mit seinem Bischof in gutem Kontakt stehen kann. In grossen Bistümern ist das natürlich schwer möglich. Aber wir Priester möchten spüren, dass wir erwünscht und geschätzt sind. Der Bischof sollte für den Priester ein väterlicher Freund sein, der gerne zuhört und Interesse zeigt an seinen Mitarbeitern.

Welche Begegnungen mit Bischöfen hast du positiv in Erinnerung?

Ich denke an Bischöfe in Europa und Afrika, die mir und meinen Mitbrüdern auf Augenhöhe begegnet sind, die wirklich Interesse zeigten an dem, was wir tun und was uns beschäftigt. Ihre bescheidene und empathische Art machte mir Eindruck.

In ihrer Gegenwart fühlte ich mich wohl. In Südfrankreich lotste mich das Navigationsgerät einmal in eine Innenstadt zu einem Bischof. Ich war überrascht, dass ich mitten in der Altstadt zu einem ganz gewöhnlichen Haus geführt wurde, wo der Bischof in einer bescheidenen Wohnung lebte. So bescheiden dieser Bischof lebte, so bescheiden trat er auch auf. Das beeindruckte mich sehr. Grösser könnte der Gegensatz nicht sein zu einem Bischof, den ich in Kamerun traf. Dieser lebte in einem regelrechten Palast mit vielen Angestellten.

Manchmal waren die Begegnungen auch weniger angenehm, wie du sagtest.

In Gabun fuhr ich während eines Tages und einer Nacht mit einem befreundeten Priester mit Auto und Zug – zum Teil durch den Urwald – zu einem Bischof. Als wir bei ihm ankamen, würdigte er uns kaum eines Blickes. Er erhob sich nicht einmal von seinem Stuhl und es war ihm sichtlich lästig, dass wir ihn treffen wollten. So konnte gar kein richtiges Gespräch zustande kommen.

Ein Priester erzählte mir, dass er als Pfarrer an der Seite seines Bischofs arbeiten würde. Dazu hätte er einen neuen Computer gebraucht. Aber der Bischof gab ihm dafür keine Unterstützung. An Geld kann es nicht gemangelt haben. Neben dem Bischofshaus sah ich nämlich mehrere Garagen. Durch die Bretter konnte ich mindestens vier teure Autos erkennen, die alle dem Bischof gehörten. Zum Teil waren es Geschenke, die er von Ministern angenommen hatte.

Und ein Erlebnis werde ich nicht mehr vergessen: Ein Bischof zeigte mir voller Stolz die Pläne seiner neuen Kathedrale. Er wurde von einem Telefonanruf unterbrochen, den ich mithören konnte. Ein Priester einer kleinen Pfarrkirche, vermutlich im Urwald, rief ihn an und bat ihn um Unterstützung für eine elektrische Beleuchtung in seiner Kirche. Der Bischof antwortete ganz kurz und sagte ihm, dass er das Licht Christi ausstrahlen soll. Das Telefongespräch war damit beendet. Die neue, grossartige Kathedrale war ihm wichtig. Sie ist mittlerweile fertiggestellt worden, wie ich erfahren habe.

Kommen wir nun auf das Bild des Baumes zurück, der am Wachsen behindert wird und abstirbt: Welche Erkenntnisse gewinnst du aus deinen Erfahrungen?

Ich nenne ein paar Stichworte: Eine Klerikerkirche, die ein bestimmtes Gebiet «versorgen muss», hat keine Zukunft mehr. Eine Kirche, in der die Laien nicht gefördert, befähigt und ermutigt werden zu selbständigem Einsatz, stirbt unweigerlich. Jesus sandte die Jünger zu zweit aus. Das Einzelkämpfertum darf es nicht mehr geben. Die Zusammenarbeit von Seelsorgeteams in Zentren muss selbstverständlich werden. Bischöfe, die abgehoben, privilegiert und weit weg von der Bevölkerung leben, fördern keine Kirche nach dem Evangelium Jesu.

Nun möchte ich wieder zurückkommen auf die Situation in meinem Bistum. Hier mache ich Erfahrungen, die die Kirchenentwicklung und das kirchliche Leben nicht fördern, sondern behindern. Wie wenn bei einem Baum Äste abbrechen und er darum keine Früchte mehr hervorbringen kann.

Was willst du mit diesem Bild sagen?

Wenn zum Beispiel bei der Kirschenernte ein gesunder Ast knickt oder ganz abbricht, dann ist er für immer verloren. Das passiert schnell, wenn man an ganz schöne und weit entfernte

Äste gelangen will. Ich erinnere mich, wie ein Onkel, er war Landwirt und ich half ihm bei der Kirschenernte, sehr darauf achtete, dass keine Äste abbrachen und verloren gingen. Die Kirche soll – wie das Bild anschaulich zeigt – auf alle Äste achten, auch auf die weit entfernten. Alle sind wichtig und kostbar. Papst Franziskus sagt, dass wir an die Ränder gehen sollen. Als Priester im Pastoralraum machte ich mehrmals die Erfahrung, dass ich mich wie abgeschnitten fühlte von Kindern, Jugendlichen und Familien.

Kannst du Beispiele nennen, wo du das erlebt hast?

In einer Pfarrei interessierte mich das Firmprojekt. Ich hätte mich gerne mit meinen Erfahrungen eingebracht. Aber dies war nicht erwünscht, weil die Jugendarbeiterin es nicht wollte und der Stellenbeschrieb es auch nicht vorsah. Ich wurde für das Feiern von Sakramenten und die Seniorenpastoral benötigt. In einem anderen Pastoralraum stellte ich fest, dass die Familiengottesdienste immer als Wortgottesdienste mit Kommunionfeier gehalten wurden. Die Katechetinnen gestalteten diese Gottesdienste immer alleine. So kam ich kaum in Kontakt mit den Familien. Ich habe zum Ausdruck gebracht, dass ich es schön fände, dabei sein zu können, was dann zum Glück auch möglich war. Ich finde es gut, wenn Katechetinnen selbständig Gottesdienste, auch Familiengottesdienste, feiern. Aber wenn ein Priester da ist, sollte dieser die Gottesdienste zusammen mit den Katechetinnen durchführen und so auch den Kontakt mit den Familien pflegen.

Bei der Erstkommunion gibt es aber sicher gute Kontakte zu den Familien?

Im Normalfall schon. Ich konnte eigentlich immer sehr gut mit Katechetinnen zusammenarbeiten und gab ihnen auch viel Freiraum bei der Gestaltung der Feiern. Dennoch gibt es auch da unbefriedigende Situationen, und zwar dann, wenn ich lediglich als «Ritualguru» funktionieren soll und mich inhaltlich nicht einbringen kann.

Wann hast du dich denn als «Ritualguru» gefühlt?

Bei einer Erstkommunion wünschte der Gemeindeleiter, dass er und die Katechetin den Erstkommunionkindern die Kommunion austeilen. Er wollte ein eigenes Hochgebet verfassen und die Predigt halten. Ich liess ihn die Predigt halten. Aber als Spender des Sakramentes wollte ich den Kindern die Erstkommunion selber austeilen. Ebenfalls wollte ich nicht ein Hochgebet beten, das ich nicht kenne und hinter dem ich dann nicht stehen könnte.

Ein anderes Beispiel: An einem Samstag, an dem ich keinen Gottesdienst zu feiern hatte, organisierte der Gemeindeleiter mit der Katechetin die Taufgelübdeerneuerung der Erstkommunikanten. Die meisten Kinder dieser Pfarrei erlebten vor der Erstkommunion nie eine Eucharistiefeier. So wurde für sie die Erstkommunion auch zur Ersteucharistie. Es ist für mich sehr unbefriedigend, solchen Erstkommunionfeiern als Zelebrant vorstehen zu müssen. Vor dem Einzug fragte mich ein Junge: «Gehst du heute auch das erste Mal zur Kommunion?» …

Bist du der Ansicht, dass die Priester heute oft weit entfernt sind von den Familien, Kindern und Jugendlichen?

Das kann man so nicht sagen. Oft funktioniert die Zusammenarbeit im Team gut. Da der Priester die Sakramentenpastoral in einem grösseren Gebiet abdecken muss, ist es für ihn schwieriger geworden, den regelmässigen Kontakt mit Familien und Jugendlichen vor Ort zu pflegen. Für Priester mit Hauptverantwortung, also Pastoralraumpfarrer, ist es einfacher, weil sie besser steuern können, wo sie Schwerpunkte setzen wollen. Es gibt Priester, die sich keine besonderen Kontakte zu Familien und Jugendlichen wünschen und froh sind, wenn diese Aufgabe von anderen Fachpersonen wahrgenommen wird. Es ist gut, dass wir Fachpersonen für Familien und Jugendliche haben. Aber der Priester soll grundsätzlich die Möglichkeit haben, mit Jugendlichen und Familien in Kontakt zu sein, nicht nur mit den Ministranten und Ministrantinnen. Familien und Jugendliche gehören vermutlich zu den weiter entfernten «Ästen» in unserer Kirche. Ist der Priester von diesen abgeschnitten, fehlt ihm etwas Entscheidendes. Er ist ein Stück weit vom kirchlichen Leben abgeschnitten. Jugendliche zum Beispiel haben die Gabe, Seelsorgerinnen und Seelsorger zu inspirieren und neu herauszufordern.

Hast du eine solche Inspiration von Jugendlichen auch erfahren können?

Ja, das durfte ich erleben. Ich bin dankbar, dass ich mit religiös engagierten Jugendlichen ausserhalb der Pfarreiarbeit intensiver zusammenarbeiten durfte. So war ich mehrere Jahre geistlicher Begleiter einer internationalen indischen Jugendbewegung namens «Jesus Youth» und zweimal geistlicher Begleiter des OK der Weltjugendtage in der Deutschschweiz. Das waren schöne Erfahrungen, die mich im Glaubensleben stärkten und erfüllten. Ich war in intensivem Kontakt und konnte von der Zusammenarbeit mit Jugendlichen selbst viel profitieren.

Der Baum krankt an der Wurzel, nicht am Blätterwerk

In diesem Kapitel sprichst du über den kranken Baum. Woran krankt er? Woran leidet die Kirche?

Die Wurzel ist verborgen, während das Blätterwerk gut sichtbar ist. Es ist einfacher, die Blätter zu behandeln als die Wurzel. Pointiert gesagt hat die Kirche ein Wurzelproblem, dem sie mit Blättertherapien beikommen will. Es ist offensichtlich, dass die katholische Kirche in einer grossen Krise steckt und krank ist. Äusserlich ist das schnell sichtbar, wie kranke Blätter an einem Baum. Blätterbehandlungen sind schnell gemacht. Die Erneuerung und Heilung der Wurzel braucht viel länger. Ich beobachte aktuell viele Massnahmen, die vor allem das Blätterwerk betreffen.

An welche Massnahmen denkst du?

Die bei uns in Europa wohl meistgeforderte Massnahme sind neue Zulassungsbedingungen zum priesterlichen Dienst, die Weihe von verheirateten Frauen und Männern. Damit seien, so denken viele, die Probleme gelöst und die Kirche werde dann wieder gesund. Das sind aber in erster Linie äussere Massnahmen. Es sind Forderungen, die zur gegebenen Zeit umgesetzt werden müssen, davon bin ich überzeugt. Ich vermute, dass Papst Franziskus im Innersten auch weitere Schritte in diese Richtung unternehmen möchte, aber aus Angst vor einer Kirchenspaltung und vor der Gefährdung der Einheit zuwartet. Der Papst muss die Einheit der Kirche wahren, er darf diese nicht gefährden. Zu viele Spaltungen haben im Laufe der Geschichte schon den Leib Christi verunstaltet. Die weltweite Kirche scheint noch nicht für tiefgreifende Veränderungen reif zu sein. Der Papst hat einen synodalen Prozess eingeleitet, damit wir aufeinander hören. Er sagt: «Das Ziel besteht nicht darin, eine Einigung durch den Wettstreit gegensätzlicher Positionen zu erreichen, sondern gemeinsam den Willen Gottes zu suchen und dadurch die Unterschiede in Einklang zu bringen. Das Wichtigste dabei ist der synodale Geist: einander mit Respekt und Vertrauen begegnen, an unsere Einheit zu glauben, und das Neue empfangen, das der Geist uns offenbaren möchte.»[33]

Dringend sind die Massnahmen, die alles dafür tun, dass sexueller Missbrauch in der Kirche nicht mehr vorkommt. Wir sehen hier ein äusseres Symptom, das auf eine tiefere Problematik von Machtausübung in unserer Kirche verweist. Massnahmen sind schnell angeordnet, aber die Machtproblematik in der katholischen Kirche aufzulösen, ist ein sehr langwieriges und schwieriges Unterfangen.

---

[33] Papst Franziskus, Wage zu träumen, S. 121.

Gibt es noch andere wirksame pastorale Werkzeuge?

Die Kirche verändert die Strukturen. Das sind ebenfalls nötige Massnahmen. Sie konzentriert sich dabei aber vor allem auf äussere Reformen, die nur einen Teil des Problems lösen. Vor lauter Beschäftigung mit den Strukturen werden tiefere Probleme übersehen oder man will sie nicht sehen. Auf die Strukturen in meinem Bistum mit seinem Pastoralraumkonzept werde ich im nächsten Kapitel eingehen.

Welches sind Wurzelprobleme der Kirche, die mehr in den Fokus kommen sollten?

Ein Wurzelproblem ist die spirituelle Leere in unserer Kirche. Viele, die das nicht mehr ertragen, verlassen die Kirche und wenden sich zum Beispiel dem Buddhismus zu. Gott führt unsere Kirche in die Wüste. Und das ist gut so. Das ist die Chance, dass wir uns der Wurzelbehandlung, dem «mystischen Tiefgrund» nähern, wie es Gisbert Greshake nennt: «Erst mit einem mystischen Tiefgrund des Glaubens jedes Einzelnen und der Gemeinden kann die Kirche eine Zukunft haben.»[34] Zu diesem mystischen Tiefgrund sollen die Menschen hingeführt werden. Aber das wird zu wenig getan. Deutlich sichtbar wird die spirituelle Leere in der Krise der Eucharistie. Die Symptome dieser Krise sind unübersehbar und verweisen auf kranke Wurzeln.

---

[34] Greshake, Kirche wohin?, S. 132.

Kannst du – auf die Eucharistie bezogen – einige dieser Symptome, dieser kranken Blätter nennen?

Ich wollte einmal bei einem über achtzigjährigen Priester konzelebrieren. Er meinte, dass ich das schon tun könne, wenn ich seine Texte akzeptiere. Ich blätterte in seinem Regieheft und sagte dann, dass ich das Messbuch vorziehen würde, weil ich ja gar nicht wisse, was ich da zu beten habe. Darauf wurde er sehr wütend. Ich verzichtete auf die Konzelebration und den Kommunionempfang. Wenn man meint, stets alle liturgischen Texte ändern und umformulieren zu müssen, befremdet mich das. Ebenso wenig fühle ich mich in einer Liturgie zu Hause, in der der Priester ohne Rücksicht auf die Gläubigen alles bis ins Detail rubrikentreu machen will. Die Messe bietet viel Gestaltungsraum und ich nehme mir auch die Freiheit, die Tages-, Gaben- und Schlussgebete selber auszuwählen, weil viele im Messbuch so theologisch formuliert sind, dass sie kaum jemand versteht. Die Kirche muss sich auch da erneuern und eine Liturgiereform anstreben, damit die Sprache wieder verständlicher wird. Bei den Hochgebeten halte ich mich aber an den Wortlaut. Als Zelebrant habe ich eine grosse Verantwortung, wenn ich die Messe feiere, in der Christus sakramental gegenwärtig wird. Ich möchte es in Einheit mit der Gesamtkirche tun. Das schafft Heimat. Es ist auch schön, wenn ich mich auf allen Erdteilen in der Liturgie wiederfinde. Es ist ja schliesslich auch derselbe Christus, der uns allen begegnen möchte.

Welche weiteren Symptome als Ausdruck einer Krise der Eucharistie kannst du sehen?

Kürzlich erzählte mir ein Ehepaar, was eine Enkelin zu ihnen gesagt hat: «Das ist ja ein grausamer Gott, der seinen Sohn so grausam sterben lässt!» Dieser Satz zeigt, dass wir nicht mehr verstehen, was wir in der Messe eigentlich feiern. Ich möchte diese Behauptung an einigen Beobachtungen festmachen:

- Die Menschen können nicht mehr unterscheiden zwischen einem Wortgottesdienst mit Kommunionausteilung und einer Eucharistiefeier. Diese Verwirrung wird noch gefördert, wenn der Wortgottesdienst so gefeiert wird, dass er ausser dem Hochgebet die meisten Teile einer Messe übernimmt. Dabei würde das vom Liturgischen Institut herausgegebene Buch «Wort-Gottes-Feier»[35] gute Dienste leisten, es liegt in einer neuen Auflage vor. Es beinhaltet sorgfältig ausgearbeitete Formulare für Wortgottesdienste mit ansprechenden Gebeten.
- Priester werden in ein freies Weekend geschickt, damit Wortgottesdienste mit Kommunionausteilung gefeiert werden können. Das Team hat entschieden, dass nur noch an zwei Sonntagen im Monat Eucharistie gefeiert werden soll. Die Priester zelebrieren dann die Messe alleine zu Hause oder konzelebrieren bei einem benachbarten Priester.
- Die Eucharistie wird bei der Erstkommunionvorbereitung ein Stück weit banalisiert, wenn statt von der persönlichen Gegenwart Christi in der Eucharistie nur noch vom «heiligen Brot» die Rede ist und nur das Mahlhalten in Verbindung mit einem Symbol im Vordergrund steht.
- Ältere Priester würden an ihrem Wohnort gerne ab und zu die Messe feiern, doch das ist vom Seelsorgeteam mancherorts nicht vorgesehen.
- Da und dort wird an Weihnachten auf eine Eucharistiefeier verzichtet mit der Begründung, dass sich die Menschen an priesterlose Gottesdienste gewöhnen müssen – selbst wenn ein Priester zur Verfügung stehen würde.

---

[35] Die Wort-Gottes-Feier am Sonntag, hg. vom Liturgischen Institut im Auftrag der Bischöfe der deutschsprachigen Schweiz.

- Ich habe auch schon festgestellt, dass man geweihte Hostien achtlos mit nicht konsekrierten vermischt.
- In manchen Kirchen wird laut geredet. Andächtig Betende werden in ihrer Andacht und im persönlichen Gebet gestört. Das Sitzenbleiben beim Hochgebet oder die fehlende Kniebeuge oder Verneigung vor dem Tabernakel sehe ich als mangelnde Ehrfurcht vor dem Allerheiligsten.
- Es gibt Pfarreien, in denen die Ministrantinnen und Ministranten zu wenig auf den Dienst am Altar vorbereitet werden. So wissen sie gar nicht, warum sie gewisse Handlungen vollziehen.

Hinter diesen Entwicklungen sehe ich eine Entfremdung gegenüber der Eucharistie. Vielerorts wird der Wert der Eucharistiefeier nicht mehr angemessen geschätzt. Folglich schwindet auch die Bedeutung des Priesters.

Wie kann dieser Problematik begegnet werden?

Wir stehen vor einem grossen Umbruch und grossen Reformen der Kirche. Angst müssen wir keine haben: Das Christentum lebt weiter. Aber vieles, was uns gewohnt ist, wird es nicht mehr geben.

Dazu einige Denkanstösse, die helfen, mit dem Neuen vertrauter zu werden: Wortgottesdienste mit oder ohne Kommunionausteilung sorgfältig feiern und die wertvollen Richtlinien und Handreichungen der Bischöfe nutzen. Zu Gebet, Kontemplation sowie Liturgie in Predigt und Erwachsenenbildung hinführen. Von der flächendeckend versorgenden Klerikerkirche wegkommen hin zu einer Kirche, die die Laien begleitet und für Wortgottesfeiern schult. Eine neue Generation von Seelsorgerinnen und Seelsorgern fördern, die nicht Manager sein müssen, sondern Menschen in der Nachfolge Christi begleiten und präsent sind; Seelsorgerinnen und Seelsorger, die nicht nur im Büro arbeiten, sondern auch betend in der Kirche anzutreffen sind und da oder irgendwo sonst für ein Gespräch bereitstehen. Die Eucharistie sorgfältig feiern und dabei auch der Stille Raum geben. Andere Gottesdienstformen fördern. Und natürlich eine lebendige Ökumene pflegen, was zum Glück heute schon oft geschieht.

Hast du bereits Ansätze für diese Erneuerung entdeckt?

Es gibt junge Menschen, die an Weltjugendtagen teilnehmen und sich in Bewegungen gut vernetzen. Sie haben das Wort Gottes und die Eucharistie als «Quelle und Höhepunkt des christlichen Lebens» entdeckt und pflegen die eucharistische Anbetung. Auch neue Gemeinschaften haben alle die Eucharistie als ihr Zentrum erkannt und schöpfen Kraft und Freude aus ihr. In solchen Gemeinschaften hat Diakonie einen festen Platz. Ich erinnere mich an eine Mutter-Teresa-Schwester, die aus der eucharistischen Anbetung kam. Ihr Gesicht strahlte die Liebe Gottes aus wie damals Moses, als er vom Berg Sinai heruntersteig (Ex 34,29b). Diese Schwester war an der lebendigen Quelle. Beeindruckt hat mich einmal in Afrika, dass eine grosse Zahl von Menschen sich nach einem äusserst langen Gottesdienst noch 10 Minuten zur Danksagung vor dem Tabernakel einfand, um dort in Dankbarkeit und Lobpreis zu verweilen. Da erfuhr ich echten, lebendigen und frohen Glauben, genährt aus der Eucharistie.

«Ich glaube an das eine, heilige katholische Pastoralraumkonzept»

Das ist ein provozierender Titel. Bist du gegen Pastoralräume?

Nein, ich bin nicht grundsätzlich gegen Pastoralräume und auch nicht dagegen, dass Pastoralraumleiterinnen oder Pastoralraumleiter ihnen vorstehen. Ich bin aber gegen ein Konzept, dem alles untergeordnet wird, auch die Menschen, die darin arbeiten. Das kritisiere ich.

Kannst du das Pastoralraumkonzept in deinem Bistum kurz erklären?

In einem längeren Prozess sind, zum Teil aus ehemaligen Seelsorgeverbänden, sogenannte Pastoralräume entstanden. Sie umfassen mehrere Pfarreien. In städtischen Gebieten und Gegenden mit grossen Pfarreien ist der Pastoralraumtyp A verbreitet, in dem die einzelnen Pfarreien eigene Leitungseinheiten bilden. Sie werden von Gemeindeleiterinnen, Gemeindeleitern oder von Pfarrern geleitet.

In eher ländlichen Gebieten herrscht der Pastoralraumtyp B vor. Auch da gibt es Laien oder Priester in leitender Funktion, allerdings tragen sie nicht für einzelne Pfarreien, sondern für den ganzen Pastoralraum die Verantwortung. Wo kein Priester als Pastoralraumpfarrer eingesetzt ist, werden bei beiden Typen sogenannte leitende Priester eingesetzt.

Zur Erneuerung der Kirche brauchen wir doch neue Strukturen.

Auf jeden Fall. Die veränderten Bedingungen verlangen nach neuen Strukturen. Aber wir müssen aufpassen, dass wir nicht alles von diesen erwarten. Wir lösen die Krise der Kirche nicht in erster Linie durch Änderungen in der Organisationsform der Institution. Das zeigt die Kirchengeschichte immer wieder: Tiefgreifender Wandel geschieht durch spirituelle und theologische Erneuerung, oft durch charismatische Persönlichkeiten.

Ich möchte ein Beispiel aus der Pandemiezeit schildern. Es waren viele Anpassungen notwendig. Die Pandemie zwang immer wieder zu neuen Entscheidungen. Bundesrat Alain Berset sagte in der Sendung Sternstunde Religion dazu: «Strukturen müssen nicht geändert werden, aber bei einer Krise muss man absolut flexibel bleiben, um Lösungen zu suchen.»[36]

Was bedeutet das in Bezug auf das Pastoralraumkonzept in deinem Bistum?

Ich glaube, dass es, so wie es ist, keine weiteren zehn Jahre Bestand haben wird. Momentan haben wir diese Strukturen. Sie sind uns vorgegeben. Wir können sie nicht so einfach umkrempeln, aber wir müssen sie flexibler handhaben. Das scheint aber zurzeit nicht möglich zu sein. Wer in meinem Bistum arbeiten will, muss sich an diesen klar strukturierten Rahmen halten. An vielen Orten brodelt es, nicht wenige Gläubige, aber auch Seelsorgerinnen und Seelsorger sind nicht zufrieden mit den unflexiblen Strukturen. In Gesprächen und Wortmeldungen höre ich von Priestern, die sich vertrieben

---

[36] Berset, Sternstunde Philosophie vom 27. Dezember 2020.

fühlen, die aufgrund ihrer Erfahrungen ihre Berufung hinterfragen, die verärgert, enttäuscht, frustriert sind oder krank werden.

Deckt sich diese Erfahrung mit deiner eigenen?

Ja. Ich war auch nahe daran, zu resignieren und krank zu werden. Erfahrungen als leitender Priester in einem Pastoralraum haben mit dazu beigetragen. Nun habe ich nach zehn Jahren aber wieder Mut gefasst und eine leitende Funktion als Pastoralraumpfarrer übernommen. Fragezeichen bleiben jedoch. Es gibt Dinge, hinter denen ich nicht stehen kann. Das ist manchmal schwierig.

Warum ist die Situation insbesondere für Priester unbefriedigend und zermürbend?

In der aktuellen Form sind die Pastoralräume meiner Ansicht nach eine Fehlkonstruktion. Als Mitarbeitender ist nur willkommen, wer sich in dieses System einfügt. Das System ist wichtiger als der Mensch. Müsste es nicht umgekehrt sein? Müsste nicht der Mensch mit seinen Fähigkeiten und Begabungen und seiner je eigenen Berufung im Vordergrund stehen? Nicht jeder möchte und kann Manager eines grossen Pastoralraums sein, nicht jeder so viele Liturgien feiern. Und nicht jeder ist fähig, für verschiedene Gemeinden gleichzeitig tätig zu sein.

Als Priester in einem Pastoralraum bin ich per definitionem dafür mitverantwortlich, das sakramentale Leben aufrechtzuerhalten. Meine Hauptaufgabe ist die Feier der Rituale in der Liturgie. Das bedeutet, in einem grösseren Gebiet Gottesdienste zu feiern, ohne die Menschen dieser Gemeinden überhaupt näher zu kennen. Als leitender Priester ohne Hauptverantwortung bin ich zudem in meinen Entscheidungsmöglichkeiten eingeschränkt, weil in erster Linie der Pastoralraumleiter sagt, was wo zu geschehen hat. So kann es sein, dass ein Priester nur noch als «Funktionär» für das Rituelle umherreist. Ich verstehe, wenn er dann seine Berufung zum priesterlichen Dienst hinterfragt.

Es gibt leitende Priester, die abseits und isoliert in einem kleinen Dorf im Pastoralraum wohnen und dort ihr Büro haben. Ins Seelsorgeteam sind sie wenig integriert. Die Gefahr der Vereinsamung ist gross. Das habe ich auch erlebt. Länger als zwei Jahre hielt ich diese unbefriedigende Situation nicht aus. Ich stelle fest, dass sich ausländische Priester nicht getrauen, sich zu wehren. Das sollte es einfach nicht geben!

Der Rückgang der kirchlich Tätigen, insbesondere der Priester, ist dramatisch. Ist das nicht eine bedrohliche Situation für die Kirche?

Ja, der Rückgang ist dramatisch, aber verständlich und auch nicht zwingend schlimm. Die Gesellschaft und jeder einzelne Mensch sind im Wandel und entwickeln sich ständig weiter. Die Kirche, wie ich sie momentan erlebe, ist ein Auslaufmodell. Ich kann verstehen, dass sich junge Leute nicht ein Leben lang an ein solches System binden möchten. Deshalb könnte ich im Moment auch keinen jungen Mann zum Priestertum ermutigen. Der Regens meines Bistums sagte mir kürzlich, dass er rund fünfzehn neue Studierende habe, aber niemand von diesen gedenke, in den kirchlichen Dienst einzusteigen. Ist das verwunderlich? Immer weniger Menschen haben eine Bindung an die Kirche, erst recht nicht an eine Pfarrei vor Ort. Thomas Leist, bis 2021 Leiter der Fachstelle «Chance Kirchenberufe», sagt dazu: «Die Menschen, die sich für einen kirchlichen Beruf interessieren, sind weniger geprägt von traditionellen Kirchenbildern und einem traditionellen kirchlichen Amtsverständnis. Sie sind aber interessiert an einer Ausgestaltung ihrer Berufung und können dies oft erstaunlich konkret beschreiben. So wollen sie ihre eigenen Charismen und Gedanken einbringen, ohne diese bereits vorab an den scheinbar unverrückbar vorgegebenen kirchlichen Strukturen auszurichten oder in diese einzupassen.»[37] Berufungspastoral muss auf diese Menschen Rücksicht nehmen. Tut sie das nicht, gehen sie ihr verloren.

Wie könnte das Konzept der Pastoralräume gewinnbringend sein? Hättest du Ideen?

Es muss flexibler gehandhabt werden, indem es sich den geografischen Begebenheiten mehr anpasst und auf das Personal und die Menschen vor Ort Rücksicht nimmt. Das heisst zum Beispiel, dass innerhalb eines Pastoralraums eine Leitungseinheit eingerichtet werden könnte, wenn dies für ein Dorf oder eine Pfarrei Sinn machen würde. Einem Priester soll es möglich sein, ganzheitlich als Hirte zu wirken, in leitender Funktion als Pfarrer, auch wenn er nicht als Pastoralraumpfarrer eingesetzt ist. Ohne die Zusammenarbeit aller Seelsorgenden geht es natürlich nicht. Wir müssen über die eigenen Kirchtürme hinausschauen. Die Pastoralräume sollen den kirchlich Mitarbeitenden und dem Volk Gottes dienen, nicht umgekehrt.

---

[37] Leist, Entfremdung von der Kirche als Chance, S. 160.

Wie reagieren angehende Priester auf einengende Strukturen, wie du sie beschrieben hast?

Das kann man nicht pauschal sagen. Ich kenne Priesteramtskandidaten, die in Bistümer mit anderen Strukturen abwandern. Es gibt aber auch solche, die der Kirche den Rücken kehren, weil sie sich nirgends mehr zu Hause fühlen. Sie sehen sich weder als leitende Priester noch als Pastoralraumpfarrer eines grossen Gebietes mit vielen Pfarreien.

Gibt es zu viele Strukturen?

Ja, das ist meine Meinung. Es wird an überfälligen Strukturen festgehalten und gleichzeitig werden die Gläubigen immer weniger. Kürzlich sagte mir jemand: Wir haben zu wenig Personal, deshalb brauchen wir halt Pastoralräume. Dem stimme ich nicht zu. Für die sinkende Anzahl von Gläubigen haben wir nicht zu wenig Personal. Wir halten zu viele Strukturen aufrecht.

Nehmen wir einen Pastoralraum mit sechs Ortschaften. In jeder müssen die Seelsorgenden regelmässig Gottesdienste halten, schliesslich zahlen alle in den Pastoralraumtopf. So haben sie Anrecht auf einen regelmässigen Service. Wer zahlt, befiehlt! Das heisst dann, dass in der Vorabendmesse im einen Dorf neun Menschen den Gottesdienst besuchen, die Woche darauf im Nachbardorf elf. Auch wenn die Dörfer nicht weit auseinanderliegen, herrscht die Mentalität vor, dass man nicht ins Nachbardorf in den Gottesdienst geht. Zum Zahnarzt fahren wir nach Ungarn, zur Kirche ist uns das nächste Dorf zu weit. Das nenne ich zu viele Strukturen aufrechterhalten, die überholt sind.

Hast du ein weiteres Beispiel?

Vielerorts wird auf allen Stufen der ökumenische Religionsunterricht geführt. Ich begrüsse die Idee des ökumenischen Unterrichts grundsätzlich, aber die Kirche muss hier über die Bücher. Mit grossem personellem, zeitlichem und finanziellem Aufwand werden neben dem ökumenischen Unterricht Erstkommunion- und Firmwege angeboten, in einem Pastoralraum an mehreren Orten. Absurd wird es bei der Firmung. Die Katechetinnen mühen sich ab, Firmlinge zu gewinnen und ein ansprechendes Programm anzubieten. Doch neben dem ökumenischen Religionsunterricht zusätzlich auch noch konfessionellen Firmunterricht durchzuführen, ist einfach des Guten zu viel. Das ist eine unnötige Mehrbelastung. Und wir sehen ja, wohin es führt. Nach wenigen Jahren treten viele dieser Jugendlichen aus der Kirche aus.

Was schlägst du stattdessen vor?

In jedem Pastoralraum können sich Jugendliche melden, die ihren 20. Geburtstag gefeiert haben und gefirmt werden wollen. Gut möglich, dass sich nur wenige Jugendliche melden. Mir würde es grosse Freude bereiten, diese jungen Menschen auf dem Weg des Glaubens zu begleiten. Es könnten gute Kontakte entstehen und ich bin sicher, dass solche Jugendliche den Glauben auch später noch praktizieren. Es braucht wohl noch viele Jahre, bis wir den Mut haben, solches einzuführen.

Wie kann das geändert werden?

Die entscheidende Frage lautet: Welche Menschen haben wir im kirchlichen Dienst und wo und wie können sie sich mit ihren Charismen am besten einbringen? Das ist eine ganz andere Ausgangslage, als zu schauen, dass möglichst alle Löcher gestopft werden können. Ich wiederhole mich: Das Pastoralraumkonzept muss flexibler gehandhabt werden und soll den Menschen dienen, nicht umgekehrt. Hier besteht grosser Handlungsbedarf. Leider bin ich mit meiner Kritik bisher auf taube Ohren gestossen.

Ich orientiere mich in erster Linie an der frohen Botschaft und nicht an vorgegebenen Strukturen. Jesus selbst ging auf Distanz zum römischen System. Auch das religiöse Korsett der jüdischen Obrigkeit kritisierte er, weil es die Menschen abhängig machte und teilweise ausnutzte. Wenn es Jesus zu eng wurde und er in seiner Freiheit eingeschränkt war, zog er es vor, weiterzuwandern an einen anderen Ort.

Gehen wir zurück zum Bild des Baumes: Wie würdest du dein Bistum damit beschreiben?

Ich erlebe die Kirche in meinem Bistum wie einen Baum, der am Wachsen behindert wird. Ich sehe geknickte Äste und welke Blätter. Woher kommt das? Angst lähmt und blockiert. Starre Strukturen auch. Wenn wir uns ängstlich an Strukturen festklammern, dann wird Leben behindert. Die Kirche lebt nicht in erster Linie von Strukturen, sie braucht Menschen, die sich mit ihren Charismen einbringen können. Im nächsten Kapitel möchte ich Ansätze einer Kirche schildern, die Zukunft hat und neues Leben ermöglicht.

Ein neuer Baum, **der heranwächst und Früchte** bringt

Ein Priesterfreund in Deutschland und sein Bischof

Die Kirche ist ein uralter Baum. Muss er einem neuen Platz machen?

Es ist so, wie du sagst: Die Kirche ist ein alter Baum. Einige Äste blühen, andere sind tot. Wir brauchen aber keinen neuen Baum zu pflanzen. Er wurde von Jesus Christus gepflanzt. Am Stamm des Kreuzes ist er gestorben, seither ist sein Lebensbaum weltweit gewachsen und hat viele Äste ausgebildet. Wir sind mit diesem Stamm verbunden. Umhauen und neu pflanzen ist nicht die Lösung. Ich denke eher ans Veredeln oder Pfropfen: Der Zweig eines neuen Baums wird auf einen alten gesteckt, sodass mit Hilfe des alten Baumes, der immer noch da ist, Neues wachsen kann, neue Früchte gedeihen können. Auch der neue Zweig empfängt Kraft – aus dem Holz des alten. Bisweilen ist es aber nötig, mutige Schritte zu tun, den Baum gründlich zurückzuschneiden, Altes zu entfernen und Neues wachsen zu lassen.

Kannst du ein Beispiel erzählen, wie du dieses «Veredeln der Kirche» erlebst?

Ein Priesterfreund von mir lebt in einer deutschen Diözese, die mit grossen finanziellen Problemen zu kämpfen hat. Auch diese Diözese erlebte Umstrukturierungen, es wurden grössere Seelsorgeeinheiten gebildet. Mein Freund wirkt in einer Stadtkirche, die abgerissen werden sollte, obwohl es sich um einen schönen und stattlichen Bau handelt. Für die Sanierung fehlte das Geld. Bis heute ist es ungewiss, ob die Kirche erhalten werden kann. Seine Pfarrei hat ein völlig anderes Gesicht als noch vor dreissig Jahren. Einige Quartiere lassen den einstigen Wohlstand erahnen, der durch eine blühende Industrie entstanden war. Heute gibt es viele Arbeitslose und drückende soziale Probleme. In diesem sehr schwierigen Umfeld wirkt mein Freund schon seit gut zwanzig Jahren in unermüdlicher Kleinstarbeit.

Mein Freund legt Wert auf eine sorgfältige und schöne Liturgie, die er regelmässig und über viele Jahre schon in seiner Kirche feiert. Auch bietet er regelmässig spirituelle Anlässe an. Das Pfarreileben füllt ihn aus, weil er schwerpunktmässig auch in der Pfarrei mitwirken konnte und sich nicht zu sehr in Aufgaben für die Seelsorgeeinheit verzetteln musste. So ist Kontinuität entstanden. Die Menschen wissen, was sie erwartet, und so kommen viele in seine Kirche, auch aus der benachbarten grösseren Stadt, die fast eine Stunde entfernt ist. Mein Freund hat eine Mutter-Teresa-Anbetungskapelle eingerichtet. Jeden Abend ist dort eucharistische Anbetung und er erteilt am Schluss den eucharistischen Segen. Die Gäste sind bunt gemischt: Es kommen auch Obdachlose, aber nicht zum Schlafen, sondern zum Beten. Regelmässig sind auch Menschen aus einer benachbarten Onkologie-Klinik anzutreffen.

Das scheint eine Pfarrei ganz im Sinne von Mutter Teresa geworden zu sein?

Das kann man so sagen. Das Gebet und die Armen sind dort zentral. Es gibt eine Suppenküche und mein Freund bietet inzwischen sogar Taufkurse für Obdachlose an. Die Pfarrei hat eine grosse Ausstrahlung über ihre Grenzen hinaus und bietet Jungen und Alten, Gesunden und Kranken, Reichen und Armen eine Heimat.

Wie reagierte der Ortsbischof auf diese Situation?

Wie jeder Bischof muss auch er grössere Umstrukturierungen in seiner Diözese vornehmen. Eigentlich wäre schon länger geplant, dass die Pfarrei meines Freundes aufgelöst und die Kirche abgerissen wird, weil die finanzielle Belastung für die Diözese zu gross ist. Aber der Bischof hat das Wirken dieses Pfarrers und das Leben der Pfarrei offenbar genau beobachtet und studiert. Er hat realisiert, dass viele Menschen gerade dort eine kirchliche Heimat gefunden haben.

Einmal wollte sich der Bischof ein Bild vor Ort machen und meldete sich für einen Besuch in der Pfarrei an. Er wollte von den Menschen persönlich erfahren, warum sie gerade in diese Pfarrei kommen und da Heimat finden. Mein Priesterfreund ermöglichte daraufhin ein Treffen mit zehn Personen und dem Bischof. Darunter waren auch Obdachlose. Obwohl die Diözese in grossen Problemen steckt, wurde dem Bischof klar, dass der Heilige Geist an diesem Ort einiges bewirkt und dass er dazu Sorge tragen muss.

Bezogen auf das Bild vom Veredeln des Baumes: Welchen Schluss ziehst du aus diesem Beispiel?

Es zeigt mir, dass Neues erst wirklich entstehen kann, wenn wir auf das Wirken des Heiligen Geistes vertrauen. Es zeigt, wie aus einem alten Baum, der am Absterben ist, trotzdem ganz Neues erwachsen kann. In einer Kirche, die zu sehr mit sich selbst beschäftigt ist und auf Reformbegehren mit uniformen Strukturen antwortet, ist wenig Platz für Charismen und Neuaufbrüche. Starre Pastoralraumkonzepte verwenden nur altes Holz, das langfristig keine neuen Früchte hervorbringen kann. Es zeigt auch: Wo die Quelle, das lebendige Wasser, sorgsam gehütet wird, blüht Neues auf. Und schliesslich: Im Bistum meines Freundes findet wirklich ein synodaler Prozess statt. Der Bischof hört auf die Menschen und ihre Anliegen und richtet seine Pastoral danach aus.

Bäume empfangen das Wasser aus der Tiefe

Was willst du mit diesem Titel in Bezug auf die Kirche sagen?

Schauen wir zuerst in die Bibel, wo wir oft das Bild vom Baum finden. Der Mensch wird gerühmt, der sein Leben nach der Weisung Gottes lebt: «Er ist wie ein Baum, der an Wasserplätzen gepflanzt ist, der zur rechten Zeit seine Frucht bringt und dessen Blätter nicht welken. Alles, was er tut, wird ihm gut gelingen» (Ps 1,3). Beim Propheten Jeremia ist der Mensch gesegnet, der auf den Herrn vertraut und dessen Hoffnung der Herr ist: «Er ist wie ein Baum, der am Wasser gepflanzt ist und am Bach seine Wurzeln ausstreckt. Er hat nichts zu fürchten, wenn Hitze kommt; seine Blätter bleiben grün; auch in einem trockenen Jahr ist er ohne Sorge, unablässig bringt er seine Früchte» (Jer 17,8). Paulus nimmt dieses Bild im Kolosserbrief auf und sagt den Menschen, die Christus angenommen haben: «Bleibt in ihm verwurzelt und auf ihn gegründet» (Kol 2,7).

Wir stellen aber fest, dass in der Kirche vielerorts die Fruchtbarkeit ausbleibt und einiges am Absterben ist. Fehlt das Wasser?

Das Wasser ist überall. Es kommt nur nicht überall zum Vorschein. An manchen Stellen ist es tief verborgen. Der Bischof in Deutschland, von dem ich eben erzählte, hat in seiner Diözese eine Oase entdeckt, zu der die Menschen von weither kommen, um zu trinken. Zu dieser will er Sorge tragen, damit das Wasser auch weiterhin für die Menschen zugänglich bleibt. Heute muss die Hauptaufgabe der Seelsorgenden sein, das Wasser in der Tiefe freizulegen und Brunnen zu bauen, wo sich die Menschen darum versammeln können, um daraus zu schöpfen. Dieses Wasser aus der Tiefe, oder biblisch gesprochen «der Quell lebendigen Wassers», schenkt Fruchtbarkeit und ist so Grundlage für das (Über-)Leben. Die Oase ist ein wunderbares Bild: Sie nährt sich vom Wasser aus der Tiefe und lässt es grünen, auch wenn der Regen lange ausbleibt. Die Sonne gibt die nötige Wärme zum Wachsen der Pflanzen und die Bäume spenden Schatten. Und wo Bäume sind, gibt es auch Wind. In einer Oase ist alles da, was Leben ermöglicht. Der Mensch bebaut die Erde, damit Wachstum möglich ist. Ja, die Oase ist ein wunderbares Bild für die Kirche.

Aber trotzdem fehlt es an diesem Wasser in der Kirche. Was ist zu tun?

Eine Pflanze, die man nicht giesst, geht früher oder später ein. Was tun wir in unserer Kirche? Nach dem Giesskannenprinzip giessen wir grossflächig. So halten wir einiges noch am Leben. Aber die Nachhaltigkeit ist oft gering oder inexistent. Es ist ein Treten vor Ort. Die Pastoralräume verstärken dieses Vorgehen noch. Anstelle des grossflächigen Giessens müssten an bestimmten Stellen Tiefenbohrungen stattfinden, die das Wasser in der Tiefe freilegen und Oasen entstehen lassen.

Wasser ist die Grundvoraussetzung für das Leben. Wie könnten im pastoralen Leben die lebensnotwendigen Quellen freigelegt werden?

Möglichst überall werden die Leute mit «Wasser», das heisst mit Sakramenten versorgt. Die Kirche ist zu sehr Dienstleisterin geworden und versucht das Wasser herzubringen und von oben herab auf alle rieseln zu lassen. Priester rennen in ihrem Pastoralraum mit der Giesskanne von Ort zu Ort, um regelmässig etwas Wasser zu geben. So kann das Verdorren und Sterben vielleicht aufgehalten oder verzögert werden, aber Fruchtbarkeit wird nicht erreicht. Ein solches pastorales Bemühen hat keine Zukunft. Statt alle zu berieseln, sollte die Kirche Oasen schaffen, kleine Gemeinschaften, die das lebendige Wasser aus der Tiefe, aus der inneren Quelle schöpfen. Diese Oasen werden zum Anziehungspunkt für andere Menschen, die auch bereit sind, von weither herzukommen. Sie sind Orte, wo Gott erfahrbar wird. Nur in diesem Sinne hat Kirche Bestand und Zukunft, davon bin ich überzeugt. Die Seelsorgenden sind dann nicht Giesskannengärtner, sondern geistliche Begleitpersonen, die Quellen aufspüren und Schöpfgefässe zur Verfügung stellen. Sie sind Suchende mit anderen Suchenden.

Pastorale Diversität statt kirchliche Monokultur

Mit dem Begriff «Monokultur» sprichst du ein interessantes Bild an. Es könnte dein Anliegen verdeutlichen, das sich wie ein roter Faden durch deine Reflexionen über die kirchliche Pastoral zieht. Könnte man das Gleichnis von der Monokultur auf die Situation der Kirche übertragen?

Ja, die Kirche, so wie ich sie in meinem Bistum erlebe, ist oft wie eine Monokultur. Kirchliche Strukturen sind notwendig, aber die Erhaltung bestehender oder die Schaffung neuer Organisationsformen dürfen kein Primat darstellen und die Optimierung der Pastoral und des lebendigen kirchlichen Lebens nicht behindern oder gar verunmöglichen. Die Monokultur steht in diesem Vergleich für das flächendeckende und unflexible Durchorganisieren der Pastoral. Das Gegenstück wäre die Mischkultur, die viel differenziertere und flexiblere Lösungsstrategien ermöglicht und so neue Horizonte eröffnet. Gerne möchte ich der kirchlichen Monokultur das Modell einer pastoralen Diversität entgegenstellen.

Nochmals zur Monokultur: Kannst du ein verdeutlichendes Beispiel nennen?

Das Südtirol ist das grösste Anbaugebiet für Äpfel in Europa. Auf riesigen Flächen ist jeder Quadratmeter ausgenutzt und dicht bepflanzt mit kleinen Spalierbäumchen. Sie müssen in möglichst kurzer Zeit viel Ertrag bringen. Ihre Lebensdauer ist oft kurz. Auf den Flächen werden jeweils Äpfel der gleichen Sorte angebaut. Wehe, wenn ein Schädling kommt, der das

Ganze empfindlich stört … Wir haben oben gesehen, was es alles braucht für ein nachhaltiges, längerfristiges Wachsen: Erde, Wasser, Wärme und Luft. Fehlt ein Element, ist das Wachstum unmöglich oder stark beeinträchtigt. Ein Tisch steht gut auf vier Beinen. In der Kirche kennen wir vier Grundfunktionen, die alle gleichwertig bestehen und gefördert sein wollen: Koinonia (Gemeinschaft), Diakonia (tätige Nächstenliebe), Martyria (Verkündigung, Zeugnis) und Leiturgia (Liturgie, Gottesdienst). Erst im Miteinander all dieser Funktionen können wir von Kirche reden.

Wo siehst du das Problem der Monokultur in der Kirche?

Als Pastoralraumpfarrer in einem ländlichen Gebiet mit sieben Kirchen bin ich damit konfrontiert, in erster Linie eine liturgische Monokultur zu betreiben, die aus dem Feiern der Eucharistie besteht. Die Koinonia (Gemeinschaft) hat durch die Pandemie stark eingebüsst. Die Diakonia (tätige Nächstenliebe) führt vielerorts ein Schattendasein. Mit ein paar Spenden aus der Antoniuskasse und den Kollekten ist es nicht getan. Zum Glück gibt es das ökumenische Projekt «Wegbegleitung», das inzwischen an vielen Orten eingeführt wurde. Die Martyria (Verkündigung) reduziert sich meistens auf den Religionsunterricht und die Predigt im Gottesdienst. Pfarreien, die alle vier Grundfunktionen ausgebildet haben, findet man meist in grösseren pastoralen Einheiten mit Teams, die nur in ein bis zwei Kirchen oder Pfarreien wirken. Dort kann eher etwas wachsen.

Ohne Berücksichtigung aller vier Grundfunktionen kann eine Kirche aber nicht gedeihen und lebendig sein. Als Priester sind wir gerufen, in allen vier Grundfunktionen zu wirken. Nur so können wir eine lebendige Kirche aufbauen. Ich kenne Priester, die am Samstag und Sonntag regelmässig vier bis fünf Gottesdienste feiern, um möglichst alle Dörfer zu «bedienen». Unter der Woche kommen dann noch ein bis zwei Trauerfeiern dazu. Das ist sozusagen eine «Dienstleisterkirche», die kein Wachstum zulässt. Die unflexiblen Pastoralraumstrukturen fördern den Dienstleisterbetrieb und die Monokultur.

Könnte man das Bild der «Diversität» auch auf die Kirche und den Glauben anwenden?

Auf jeden Fall. Gott ist einer und einzigartig. Wir sind eine monotheistische Religion, wie auch das Judentum und der Islam. Im Christentum mit dem trinitarischen Modell verstehen wir Gott als Beziehung. Der dreifaltige Gott – Vater, Sohn, Heiliger Geist – ist in sich eine Liebesbeziehung, die uns unaufhörlich in Fülle zuströmt. Richard Rohr hat dies in seinem Buch «Der göttliche Tanz» wunderschön beschrieben. Die Kernaussage dieses Buches ist, dass die Schöpfung und die Menschheit Teil dieses Stroms der göttlichen Liebe sind und alle Geschöpfe Teil des göttlichen Tanzes.[38] Alle Kreaturen – Menschen, Tiere und Pflanzen – sind immerfort Teil des Flusses dieser göttlichen Liebe, nie getrennt von ihr. Gott schafft stetig neu. Sein Prinzip ist Diversität. Man muss nur die Tierwelt anschauen, die Unterwasserwelt, all die verborgenen kleinen Insekten. Oder auch einfach nur die Menschen in einem Supermarkt. Gott liebt die Unterschiedlichkeit, das ist eindeutig. Die Schöpfung liefert keinen einzigen Beweis dafür, dass Gott Uniformität zum Ziel hat.[39] Ein Paradigmenwechsel ist dringend nötig, damit wir Gott neu «denken» und Kirche neu «sehen».

---

[38] Rohr, Der göttliche Tanz, S. 65.
[39] Ebd., S. 58 f.

Wie könnte diese kirchliche und pastorale Diversität konkret aussehen?

Ohne Strukturen geht es nicht. Es braucht aber neue Strukturen, die mehr dem Leben dienen. Die Organisationsformen dürfen sich nicht mehr an Pfarreien und geografischen Räumen orientieren, sondern an den Menschen, die ganz eigene Charismen mitbringen, die Gott ihnen geschenkt hat. Sie alle können Kirche vor Ort oder im Quartier ermöglichen.

Gibt es Modelle, wo solche Strukturen bereits gelebt werden?

Ja. In Frankreich ist zum Beispiel bereits in den Neunzigerjahren das Modell «Poitiers» entstanden. Es geht darum, Kirche vor Ort zu gewährleisten, auch wenn Priester oder hauptamtliche Seelsorgende nicht regelmässig präsent sein können. Equipen von fünf Personen werden für drei Jahre «gewählt» oder «berufen». Sie sind für die Bereiche Gebet, Caritas, Finanzen und Koordination verantwortlich. Einzige Voraussetzung, ein Teil einer solchen Equipe zu sein, ist die Taufe. Die Equipen sind nicht da, um einem Priester oder anderen Hauptamtlichen unter die Arme zu greifen, sondern um den Glauben in Gemeinschaft zu leben und zu entfalten. Die Laien sind keine Notmassnahme gegen den Priestermangel, sondern von Gott Berufene, die Zeugnis geben und eine christliche Gemeinde aufbauen können. Sie führen zum Beispiel monatliche Treffen durch, in denen gebetet und geplant wird. Sie pflegen vielfältige Kontakte, auch mit Nicht-Kirchgängern. Die Equipen sind in Sektoren unterwegs und werden von Seelsorgeteams begleitet.[40]

---

[40] Pastoral.at, Bistum Poitiers.

Wie könnte das im Pastoralraum aussehen, wo du wirkst?

In meinem Pastoralraum gibt es sechs Pfarreien und sieben Kirchen. Vier Pfarreien sind eher klein. Wir könnten eine «örtliche» Synode initiieren. Zuerst müssten wir dafür Menschen finden, die sich in Equipen einbringen möchten. Eine koordinierende Person würde die Synode leiten. Die Kassierin braucht es noch nicht, es gibt ja den Kirchgemeinderat. Drei bis fünf Personen könnten sich schwerpunktmässig in den Bereichen der Grundfunktionen einsetzen. Also wäre eine Koordinationsperson ideal, die für Liturgie und Gebet zuständig ist – aus der bereits bestehenden Liturgiegruppe –, eine Person, die für die Caritas und Diakonie Verantwortung trägt, eine Person, welche die Jugendarbeit, die Katechese und eventuell auch die Ministranten koordiniert, sowie eine Person, die Anlässe für das Bilden von Gemeinschaftserlebnissen plant. Das Seelsorgeteam im Pastoralraum begleitet und unterstützt diese Equipen und steht in engem Kontakt mit ihnen. Das kirchliche Leben vor Ort könnte von diesen Equipen gestaltet und geprägt werden. Es ist nicht gut, wenn eine Person alles macht, und es ist wichtig, dass die Equipen alle drei Jahre neu gewählt werden. Eine einmalige Wiederwahl sollte möglich sein. Diese Equipen sollte es geben, unabhängig davon, ob vor Ort hauptberufliche Seelsorgerinnen und Seelsorger wirken. In Städten könnten solche Equipen in Quartieren eingesetzt werden. Je nach Fähigkeiten und Charismen der einzelnen Mitglieder könnten verschiedene Gruppen entstehen: Gebetsgruppen und Hauskreise; Gruppen, die sich sozial engagieren und sich beispielsweise für Flüchtlinge einsetzen; Gruppen, die Gottesdienste gestalten; Gruppen, die Anlässe für Familien, Kinder und Jugendliche organisieren und durchführen. Gott will durch solche Menschen, die er ja mit Fähigkeiten und Charismen ausgestattet hat, wirken und die christliche Gemeinde aufbauen. So könnte das Prinzip der «Synode» vor Ort aufgenommen und schrittweise eine lebendige christliche Gemeinschaft aufgebaut werden.

Es geht also um Gemeindebildung vor Ort mit den Menschen, die dort leben. Kennst du andere pastorale Projekte in diese Richtung?

In Luzern ist eine Ausbildungsstätte entstanden mit dem Namen «Reusshaus». Sie ermöglicht eine ergänzende, ökumenische Bildung in Theologie und Gemeindeleitung mit dem Ziel, Menschen auszubilden, die mit den Personen vor Ort Kirche gestalten.[41] Diese Ausbildung geht meines Erachtens in die richtige Richtung. Das Studium dauert mehrere Jahre und wird mit einem Diplom abgeschlossen. Mir kommt der Mann in den Sinn, den ich in Korsika kennengelernt habe. Er war nicht in der Lage, ein Theologiestudium zu absolvieren. Für ihn müsste es eine Ausbildung wie diejenige im «Reusshaus» geben.

Ich bin realistisch: Auch das «Reusshaus» wird nicht von Interessentinnen und Interessenten überrannt werden. Immer weniger Menschen möchten sich hauptberuflich in der Kirche engagieren. Darum braucht es neue Wege und es braucht die Unterstützung von Laien vor Ort, damit Charismen entdeckt und entfaltet werden können.

---

[41] Beck, «Unsere Ausbildung ist ergänzend», S. 321.

«Wage zu träumen»

Wie stellst du dir die Kirche in 50 oder 60 Jahren vor?

Es wird äusserlich eine ganz andere Kirche sein. Von der jetzigen Form mit ihren Pfarreistrukturen müssen wir uns lösen und Kirche ganz neu und anders denken. Papst Franziskus schreibt in seinem Buch «Wage zu träumen» von einzelnen kleineren oder grösseren Regionen, die es anstelle der Pfarreien und Pastoralräume geben wird. In Dörfern oder städtischen Quartieren findet man Christengemeinschaften, die gemäss den vier kirchlichen Grundfunktionen Kirche vor Ort leben, so wie wir oben skizziert haben. Den sogenannt Ältesten werden die Hände aufgelegt und sie wirken als eine Art Diakone und Diakoninnen. Sie erhalten für eine bestimmte Zeit eine Missio, eine Sendung. Ihre Hauptaufgabe besteht darin, die Christinnen und Christen vor Ort zu sammeln, sie ihren Berufungen entsprechend in einen synodalen Prozess einzubinden und mit ihnen zusammen das pastorale Leben in vielfältigen Formen zu gestalten und zu fördern.

Und was geschieht mit den vielen Kirchen?

Weil Kirche und Staat getrennt sein werden, wird das Nötige fehlen, sie alle zu unterhalten. Einige müssen aufgegeben und einer anderen Funktion zugeführt werden. Andere könnten kirchlich umgenutzt und in Zentren für Obdachlose oder Flüchtlinge umgewandelt werden.

Und die hauptamtlichen Seelsorgerinnen und Seelsorger?

Von diesen gibt es nur noch wenige in einer Region. Mindestens zwei, bestenfalls drei oder vier Männer und Frauen sind als Geweihte eingesetzt und nehmen das Apostelamt wahr, indem sie das Leben der christlichen Gemeinschaften aufbauen und fördern helfen. Es ist nicht weiter schlimm, wenn es nur wenige Apostel sind, weil das kirchliche Leben überall dort stattfinden wird, wo sich gläubige Christen und Christinnen als Gemeinschaft zusammenfinden. So war es auch in den Anfängen, bei den ersten christlichen Gemeinden. Die zukünftige Kirche wird eine Laienkirche und keine Klerikerkirche mehr sein.

Dann gibt es keine Monokultur mehr, sondern eine pastorale Diversität?

Ja, weil die Christen und Christinnen die kirchlichen Gemeinschaften mit ihren vielfältigen Charismen prägen werden. Ich träume von einer Kirche, die aus ganz unterschiedlichen christlichen Gemeinschaften besteht: An einem Ort gibt es besonders viele karitative Aktivitäten, an einem anderen Ort werden Kurse in Meditation und Erwachsenenbildung angeboten. Wieder an einem anderen Ort gibt es ein Gebetshaus, wo Gott angebetet und mit Lobpreis verehrt wird. Charismatische Gemeinschaften leben neben kontemplativen Gruppierungen.

Wie steht es mit der Eucharistiefeier, die doch als «Quelle und Höhepunkt» des kirchlichen Lebens gilt?

Genau zu dem soll sie wieder werden, was sie eigentlich ist, nämlich «Quelle und Höhepunkt» des kirchlichen Lebens. Es wird vermutlich wenige(r) Eucharistiefeiern geben. Das ist für die Kirche im Grunde nichts Neues. Vor noch nicht allzu langer

Zeit hatte nicht jedes Dorf eine Kirche, es gab vielleicht eine Kirche für ein ganzes Tal. Die Eucharistiefeier wurde in der Kirchengeschichte lange Zeit nicht täglich gefeiert.

Findet aber eine Messfeier statt, wird sie zum Fest, an dem hoffentlich möglichst viele der aktiven Christinnen und Christen teilnehmen. Eine solche Messfeier, gefeiert von den Aposteln und Apostelinnen in einem kirchlichen Zentrum für eine grössere Region, wird zum bedeutenden Ereignis und Höhepunkt. Da lebt Kirche als eine Ekklesia von Herausgerufenen, die sich in Gebet und Lobpreis, zum Brechen des Brotes versammeln und begegnen. Da wird der Glaube ausgiebig und freudig gefeiert und Gemeinschaft erfahren.

Trauerfeiern werden die Diakoninnen und Diakone vor Ort halten. Bei bestimmten Gelegenheiten wird der Verstorbenen im Nachhinein in einzelnen lokalen Eucharistiefeiern gedacht.

Das ist eine spannende Kirchenvision. Was ist das Herzstück dieser neuen kirchlichen Gemeinschaften vor Ort?

In jeder christlichen Gemeinschaft sollte es eine Gebetsgruppe oder einen Hauskreis geben. Auch die Möglichkeit zur stillen Anbetung müsste gegeben sein. Die Menschen vor Ort finden sich regelmässig zu Andachten, wie ich sie oben beschrieben habe, oder zu Agapefeiern zusammen, wo miteinander Wort und Brot geteilt wird. Das sind die Nahrungsquellen, das ist das Herz jeder christlichen Gemeinschaft. Das ist der Ausgangspunkt für alle Aktivitäten, die nur so fruchtbar und nachhaltig werden können.

Deine Vision hat auch zur Folge, dass die Seelsorgerinnen und Seelsorger ein ganz neues Aufgaben- und Stellenprofil haben werden.

Sie sind Gärtner, die das Leben vor Ort fördern und nicht mit der Giesskanne herumrennen. Ihr Arbeitsgerät ist der Pflug, indem sie helfen, neuen Ackerboden für den Samen Gottes zu gewinnen. Sie unterstützen die christlichen Gemeinschaften da, wo diese Hilfe benötigen und Bedürfnisse haben. In erster Linie müssen die Hauptamtlichen der Zukunft geistliche Leiter und Begleiter sein, die Leben im Geiste Jesu fördern. Auch die Hauptamtlichen haben verschiedene Charismen und Stärken. Gemäss diesen sind sie im Gemeindeaufbau bei den christlichen Gemeinschaften tätig.

Ist deine Vision von Kirche eine schöne Idee oder wirst du durch das Evangelium bestärkt?

Ich denke nicht, dass das nur eine schöne Idee ist. Eine Kirche, die sich in diese Richtung entwickelt, findet wieder zum Ursprung zurück. Sie ist näher beim Evangelium und ich glaube, sie ist so, wie sie Jesus gewollt hat. Ich wünschte mir, ich könnte Kirche noch so erleben!

Das Zweite Vatikanische Konzil spricht von der Notwendigkeit, «die Zeichen der Zeit zu verstehen». Erkennt die Kirche diese «Zeichen der Zeit»?

Ja und nein. Es gibt ermutigende Schritte in die richtige Richtung. Auf der anderen Seite versucht die Kirche meines Erachtens zu stark, an bisherigen Modellen festzuhalten. Sie ist zu zögerlich und zu ängstlich, alte Zweige abzuschneiden. Unerfahrene Baumpfleger machen genau diesen Fehler: Sie zögern und schneiden zu wenig ab. Das sieht dann optisch vielleicht gut aus, aber verfehlt den Zweck. Der Baum bekommt zu wenig Licht, ein Wachstumsschub kann so nicht erfolgen. Jesus benutzt das Bild des Feigenbaumes: «Lernt etwas aus dem Vergleich mit dem Feigenbaum! Sobald seine Zweige saftig werden und Blätter treiben, wisst ihr, dass der Sommer nahe ist. Genauso sollt ihr erkennen, wenn ihr das alles seht, dass das Ende vor der Tür steht» (Mt 24,32–33).

Noch gibt er spärlich Früchte und es spriessen wenige grüne Zweige, aber der Baum, die Kirche, stirbt unaufhörlich. Doch wir machen weiter wie bisher. Jesus litt darunter, dass schon seine Generation das Anbrechen des Reiches Gottes nicht erkannte: «Sobald ihr im Westen Wolken aufsteigen seht, sagt ihr: Es gibt Regen. Und es kommt so. Und wenn der Südwind weht, dann sagt ihr: Es wird heiss. Und es trifft ein. Ihr Heuchler! Das Aussehen der Erde und des Himmels könnt ihr deuten. Warum könnt ihr dann die Zeichen dieser Zeit nicht deuten?» (Lk 12,54–56).

Was können wir tun?

Vom Evangelium und von der Urkirche lernen. Uns auf das Wesentliche konzentrieren. Im 4. Jahrhundert wurde das Christentum durch Kaiser Konstantin zur Staatsreligion. Es braucht jetzt wieder eine «konstantinische Wende», einfach in die umgekehrte Richtung. Ob Papst Franziskus eine solche Wende erwirkt, bezweifle ich. Der synodale Prozess bewegt vielleicht etwas in die richtige Richtung. Ich glaube, dass die Kirche wieder Hauskirche wird: Kirche mit kleinen christlichen Gemeinschaften, die mitten in der Gesellschaft als Sauerteig wirken, unscheinbar zwar, aber kraftvoll. Durch engagierte Christen und Christinnen können durch solche

Hauskirchen und christlichen Gemeinschaften vor Ort wieder neue Zweige treiben. Und plötzlich werden neue Früchte sichtbar.

Schlusswort

Wie damals das israelitische Volk befinden sich unsere Kirchen heute, insbesondere die katholische, auf einer langen Wüstenwanderung. Wir gehen auf neues Land zu, das aber noch nicht sichtbar ist. Moses und viele, die mit ihm zogen, bekamen das Land nicht mehr zu sehen (Num 14,18–35). Ich denke, so ergeht es uns auch heute. Das neue Land, zu dem wir unterwegs sind, bekommt meine Generation kaum mehr zu sehen. Resignieren wir aber deswegen nicht! Grosse Reformen und eine Kirche in neuer Gestalt werden kommen. Da bin ich zuversichtlich. Gehen wir weiter auf dieser Wüstenwanderung und nutzen wir jetzt schon die Möglichkeiten, die den Übergang in das neue Land erleichtern.

Ich habe in diesem Buch versucht, einige Impulse zu geben, damit die Weichen in eine neue Richtung gestellt werden können. Es geht schwerfällig voran auf dieser Wüstenwanderung, weil ein System aufrechterhalten wird, das gegenwärtig noch funktioniert. Aber die Zeit kommt, in der es nicht mehr auf allen Ebenen trägt und dann in sich zusammenfällt. Ich spreche von starren Pfarreistrukturen, unflexiblen Pastoralkonzepten und dem autoritären und hierarchischen Gefüge der Weltkirche. Gehen wir mutig weiter. Gott schafft Neues, wir dürfen zuversichtlich bleiben. Gerade in der Wüste kann Schönes und Neues erblühen, wie wir gesehen haben. Meine Hoffnung ist, dass der synodale Prozess etwas bewegt, damit «das neue Land» schneller sichtbar wird!

Vor dem Haus meiner Mutter gibt es eine Rabatte, die nicht sehr schön aussieht. Alles Mögliche wuchert. Über viele Monate dachte ich beim Vorbeigehen, ob da wohl noch Blumen zum Vorschein kommen werden. Dann, tatsächlich, wie ein Wunder, brachen kleine grüne Pflänzchen durch den Boden und über die ganze Fläche wuchsen die schönsten Maiglöckchen.

Nehmen wir wahr, wo in unserer Kirche neues Leben aufblühen will? Behindern wir es nicht und tun wir unser Möglichstes, dass Neues durchbrechen kann wie ein kleines Pflänzchen, an dem sich viele Menschen freuen.

Literaturverzeichnis

Beck, Ruedi: «Unsere Ausbildung ist ergänzend», in: SKZ 14/2021, S. 321.

Berger, Klaus: Tagespost vom 22. Mai 2012.

Berset, Alain: Sternstunde Philosophie vom 27. Dezember 2020.

Chrysostomos, Johannes: Homilia in Matthaeum 50, 3–4, PG 58, 508 f.

Delgado, Mariano: Kleine Ermutigung zur mystagogischen Seelsorge, in: Christ in der Gegenwart 48/2001.

Frings, Thomas: Aus, Amen, Ende? So kann ich nicht mehr Pfarrer sein, Freiburg 2017.

Gomes, P. Valinho: Mitteilungen über die Hirtenkinder Francisco und Jacinta Marto, Nr. 208.

Greshake, Gisbert: Kirche wohin? Ein real-utopischer Blick in die Zukunft, Freiburg 2020.

Halik, Tomas: Christentum in Zeiten der Krankheit. Aufgerufen von https://bistummainz.de/dekanat/ruesselsheim/aktuell/nachrichten/nachricht/Christentum-in-Zeiten-der-Krankheit-ein-Text-von-Tomas-Halik (16.03.2021).

Halik, Tomas: Die Zeit der leeren Kirchen. Von der Krise zur Vertiefung des Glaubens, Freiburg 2021.

Keating, Thomas: Das Gebet der Sammlung. Einführung und Begleitung des kontemplativen Gebetes, Münsterschwarzach 2019.

Kolodiejchuk, Brian: Mutter Teresa. Komm, sei mein Licht, München 2007.

Kucera, Andrea: Um seine Kirchen wieder zu füllen, will der Bischof von Lausanne seine Priester loswerden. Aufgerufen von https://magazin.nzz.ch/schweiz/bischof-will-priester-loswerden-ld.1591824?reduced=true (13.12.2020).

Küstenmacher, Marion, Haberer, Tilmann & Küstenmacher, Werner Tiki: Gott 9.0. Wohin unsere Gesellschaft spirituell wachsen wird, Gütersloh 2018.

Leist, Thomas: Entfremdung von der Kirche als Chance, in: SKZ 8/2020, S. 160.

Lexikon für Theologie und Kirche: Mystagogie, Band 7, S. 571.

Liturgisches Institut der deutschsprachigen Schweiz (Hg.): Die Wort-Gottes-Feier am Sonntag. Herausgegeben im Auftrag der Bischöfe der deutschsprachigen Schweiz, Regensburg 2021.

Lohfink, Gerhard: Gegen die Verharmlosung Jesu. Reden über Jesus und die Kirche, Freiburg 2013.

Maasburg, Leo: Die falsche Rede von den Glaubenszweifeln. Mutter Teresa und ihr tiefstes Leiden, in: Vision 2000 Nr. 5/2010.

Merton, Thomas: aus Albus, Michael, Stundenbuch der Wüste, Stuttgart 2001.

Papst Franziskus: Wage zu träumen! Mit Zuversicht aus der Krise, München 2020.

Pastoral.at: Bistum Poitiers: Ein Modell für die Weltkirche? Aufgerufen von https://www.pastoral.at/pages/pastoral/material/article/112098.html (08.11.2021).

Rohr, Richard: Der göttliche Tanz. Wie uns ein Leben in Einklang mit dem dreieinigen Gott zutiefst verändern kann, Asslar 2017.

Rohr, Richard: Ins Herz geschrieben. Die Weisheit der Bibel als spiritueller Weg, Freiburg 2010.

Vetter, Helmuth: Die phänomenologische Haltung, in: Längle, Alfried (Hg.): Selbstbild und Weltsicht. Phänomenologie und Methode der Sinnwahrnehmung. Tagungsbericht der Gesellschaft für Logotherapie und Existenzanalyse, Wien 1989.

Wallner, Karl Josef: Sinn und Glück im Glauben. Gedanken zur christlichen Spiritualität, Illertissen 2008.

Zehn Schritte zu einer geschwisterlichen Kirche von Frauen und Männern. 4 – Pastoral der Präsenz. Aufgerufen von https://www.lukath.ch/zehn-schritte-4-pastoral-der-praesenz (26.04.2021).

Zeit.de: Papst will eine «arme Kirche für die Armen», Aufgerufen von https://www.zeit.de/gesellschaft/zeitgeschehen/2013-03/papst-franziskus-kirche-arme-kardinal-lehmann-kritik?page=5 (02.09.2013).

Zink, Jörg: Dornen können Rosen tragen. Mystik – die Zukunft des Christentums, Stuttgart 1997.